MW00880667

©2013 Priscila Salazar
Todos los derechos reservados.

Aprendizaje Supraescolar
Una perspectiva más allá de los paradigmas escolares
ISBN 9781973420552

Agradezco profundamente...

A Mario, mi compañero de vida quien continuamente me brinda la motivación que necesito;

A Mateo, Pablo y Caleb, los regalos que el cielo tuvo a bien poner en mis manos y quienes son mi continua inspiración;

A mis padres, quienes siempre se han mantenido firmes en sus decisiones y cuyo ejemplo es una luz en mi camino;

A mis hermanas, mis dulces compañeras, cuya amistad y apoyo es un tesoro que enriquece mi vida;

A Laura, mi amiga en la distancia, quien ha sido una pieza fundamental para la materialización de esta obra;

A todos ustedes, gracias.

aprendizajeSUPRAescolar

Dedico este libro...

A todos los niños y jóvenes,

con la esperanza de que sus padres puedan encontrar

los recursos idóneos para confeccionarles

una educación a su medida.

aprendizajeSUPRAescolar

Contenido

Introducción 11

Sección 1. Hacia un cambio de paradigma en la educación

Capítulo 1. ¿Por qué ir más allá de los paradigmas escolares? ~ La paradoja de la sistematización *19*

1. Una idea limitada por un sistema *20*
2. Un sistema obsoleto para una era moderna *21*
3. Un sistema que extrae el significado del aprendizaje *22*
4. Un sistema al que muy pocos se adaptan *25*
5. Un sistema que favorece fenómenos sociales *31*
6. Un sistema que condiciona la conducta *35*
7. Un sistema que crea dependencia *41*
No permitamos que la escolarización arruine nuestra educación *44*

Capítulo 2. Existe una alternativa liberadora *47*

1. Una práctica antigua traída a la modernidad *47*
2. Nociones generales *49*
3. Breve reseña de la Pedagogía de John Holt *54*

Sección 2. Asumiendo la responsabilidad de nuestra propia educación

Capítulo 3. El asunto no es abandonar la escuela, ni traer la escuela a la casa, sino asumir tu responsabilidad *65*
1. Es necesario ir más allá *65*
2. Aprendizaje Supraescolar: una perspectiva más allá *71*

Capítulo 4. ¿Estás listo para asumir tu responsabilidad? *79*

1. Aprende a valorar el hecho de ser padre o madre *79*
2. Aprende a trabajar en equipo *84*
3. Aprende a no ser víctima de tus circunstancias *86*
4. Aprende a confiar en tu propia intuición *88*
5. Define tu estilo y sé congruente con él *90*

Sección 3. Cimentando una estructura interna

Capítulo 5.
Define un objetivo para la educación de tus hijos *97*
1. Riesgos de navegar sin un rumbo definido *97*
2. Define objetivos claros para la educación de tus hijos
102
3. Trabaja en el cimiento antes de ir a comprar los libros
104

Capítulo 6. Primer pilar fundamental:
Creando una conexión sólida *113*
1. Aprendiendo a conectarnos *113*
2. Restaurando la conexión que se ha perdido *122*

Capítulo 7. Segundo pilar fundamental:
Encontrando el sentido de tu vida *133*
1. ¿De dónde viene la motivación? *133*
2. Identidad ~ entender quién eres y para qué estás aquí
137
3. Trascender ~ el "plus" de vivir conforme a tu identidad
148

Sección 4. Viviendo Sin Escuela

Capítulo 8. Ya tomé la decisión de educar sin escuela...
¿y ahora?, ¿qué hago? *153*
1. Desescolarización ~ ese lapso de relax *154*
2. Deja la escuela en donde está.

No es necesario traerla a la casa *157*
3. Invierte tus energías en descubrir las pautas para confeccionar una educación a la medida *162*

Capítulo 9. ¡Bienvenida a casa! *167*
1. Vivir con tus hijos no tiene por qué volverte loca *167*
2. Profesionalízate en la administración de tu hogar *177*

Sección 5. Actividades y Materiales

Capítulo 10. Aprendizaje sin escuela *193*
1. Explora los recursos a tu alcance *193*
2. Tu función como mamá y "maestra" *201*
3. Y si decido que no quiero usar un currículo, ¿entonces qué hago? *211*

Capítulo 11. Lo que sí deben aprender *225*
1. La habilidad de ser autodidactas *226*
2. La habilidad de tener un pensamiento crítico y hacer buen uso del lenguaje *227*
3. La habilidad de ser disciplinados y constantes *228*
4. La habilidad de vivir en conexión con uno mismo *231*
5. La habilidad de actuar en libertad *231*
6. La habilidad de relacionarse adecuadamente con otros *234*
7. La habilidad más importante: saber vivir *236*

Conclusión *237*

Bibliografía *243*

aprendizajeSUPRAescolar

Introducción

Mi historia

En 1994, mis padres escucharon por primera vez acerca de la opción de educar sin escuela. A lo largo de mis años escolares, ellos nunca estuvieron satisfechos con el sistema educativo ni con nuestras experiencias en la escuela. Y aunque anhelaban encontrar una alternativa diferente, no se les ocurrió que su hogar podía ser la mejor opción para brindarnos el tipo de educación que ellos deseaban. Dos años después, en 1996, decidieron sacarnos de la escuela a mí y a mis dos hermanas menores. A la edad de dieciocho años, dejé mi carrera recién iniciada, para comenzar una aventura de 24 horas al día con toda mi familia bajo el mismo techo.

Esos años de mi juventud fueron un parte aguas en mi vida. En ellos fue cuando más aprendí en todos los aspectos, por motivación propia, no porque alguien me lo estuviera requiriendo. Pero lo más valioso fue que recuperé la conexión con mi familia y encontré el sentido de mi vida. Antes de casarnos, mi esposo y yo hablamos del tipo de educación que queríamos brindarles a nuestros hijos, y decidimos que queríamos hacerlo sin escuela. Ahora, padres de tres niños (Mateo, 2006; Pablo, 2007; y Caleb, 2009), continuamente nos encontramos aprendiendo, descubriendo y reaprendiendo.

Mis reflexiones

Mi antecedente familiar, junto con mi propia experiencia de diez años como maestra, y ahora como mamá, me ha llevado a una reflexión continua acerca de los paradigmas de la educación. El sistema escolarizado como lo conocemos hoy fue una respuesta a la crisis social que surgió de la Revolución Industrial. Hoy, unos doscientos años después, tenemos la responsabilidad de replantear ese paradigma, de modo que responda eficientemente a las demandas de la era actual.

Este cambio de paradigma no puede darse de la noche a la mañana ni tampoco puede venir del gobierno. Es un cambio que debe venir primeramente de los padres interesados en la educación de sus hijos, de los maestros entregados a su profesión, y de los aprendices deseosos de instruirse sin necesidad de intermediarios.

Mientras más reflexiono y llego a conclusiones, y mientras más disfruto del estilo de vida que hemos escogido para nuestra familia, más siento la necesidad de compartirlo con otros. No puedo quedarme callada; me siento en deuda con la persona que estuvo dispuesta a compartir con mis padres la noticia de que existía una alternativa diferente; me siento en deuda con todas las familias que estuvieron dispuestas a compartir su experiencia y camino recorrido con nosotros; me siento en deuda con todos esos escritores de libros y blogs que invirtieron tiempo para plasmar sus reflexiones y pensamientos que han sido una luz en mi camino; me siento en deuda con todos mis hermanos de habla hispana que muchas veces se topan con la barrera del idioma y no tienen acceso a los muchos recursos que existen; y más que nada, me siento en deuda con todos esos niños y jóvenes que podrían tener la oportunidad de aspirar a un mejor estilo de vida desde temprano, si tan sólo sus padres escuchan que es posible hacerlo.

El libro

Hace aproximadamente dos años, concebí la idea de escribir un libro para plasmar todas las ideas y aprendizajes que he ido recopilando desde aquella época en que dejé la escuela; pero debido a mi urgencia de comenzar ya y mi falta de tiempo para escribir todo un libro, decidí escribir un blog estructurado con la misma idea que tenía para mi libro, pero con la ventaja de publicarlo pronto y continuar escribiendo indefinidamente.

(Puedes visitarlo en **www.supraescolar.com**)

Esta tecnología me ha permitido compartir con, conocer a y recibir retroalimentación instantánea de mucha gente, lo cual ha sido un proceso verdaderamente enriquecedor, pues me ha brindado la base para estructurar este libro y conocer cuáles son las preguntas y los asuntos que más inquietan a los padres. Ahora, a un año y medio de haber hecho público mi blog, pongo este libro en tus manos.

En él encontrarás las conclusiones de un largo proceso en el que me cuestionado, he reflexionado, me he equivocado, rectificado y aprendido.

Este libro es para ti, si...

Eres un padre que no desea desescolarizar a sus hijos, pero sí quiere saber cómo fortalecer su relación con ellos y potenciar sus habilidades y talentos.

Eres un padre que desea invertirse en la vida de sus hijos y está en busca de mejores alternativas que el sistema escolarizado convencional.

Eres un padre que ha desescolarizado a sus hijos y quiere aprender más para enriquecer su jornada familiar.

Muchos de los grandes hombres y mujeres que nos rodean, tuvieron grandes padres, madres, tutores o maestros, que estuvieron dispuestos a invertirse en ellos y que dejaron una huella muy profunda de inspiración y sentido de propósito en la vida – lo cual no tiene nada qué ver con la escolarización o la desescolarización. El éxito no radica en los sistemas, dentro o fuera de la escuela. El éxito radica en saber hacia dónde vas y tomar todas las decisiones necesarias para llegar hasta allí.

Qué encontrarás

En este libro pretendo responder más a fondo interrogantes como, ¿por qué es necesario cambiar el paradigma educativo?, ¿en qué consiste una perspectiva supraescolar?, ¿cómo puedo asumir

13

la responsabilidad de mi educación?, ¿cómo les ayudo a mis hijos a asumir la suya?, ¿de qué maneras les ayudo a mis hijos a que aprendan mejor?, si decido no enviarlos a la escuela, ¿cómo comienzo?, ¿cómo elijo los mejores materiales?, ¿cómo hago para no volverme loca con ellos en casa todo el día?, ¿es posible asumir nuestra responsabilidad aunque ellos asistan a la escuela?

El libro está dividido en cinco grandes secciones:

En la primera sección encontrarás una perspectiva general del sistema educativo actual, su historia, por qué es necesario un cambio de paradigma, y en qué consiste la alternativa del aprendizaje sin escuela.

En la segunda sección explicaré por qué es necesario asumir la responsabilidad de nuestra propia educación, y en qué consiste asumir nuestra responsabilidad como padres.

En la tercera sección te mostraré cómo puedes cimentar la educación de tus hijos sobre bases firmes como lo son el tener un objetivo bien definido, construir una conexión sólida con ellos y ayudarles a encontrar el sentido de su vida.

En la cuarta sección abordaremos los aspectos prácticos de la dinámica familiar diaria: cómo vivir en armonía y cómo organizarnos sin necesidad de llegar al caos.

Y en la quinta y última sección, exploraremos los diferentes recursos educativos que tenemos a la mano, y te compartiré algunas pautas para que puedas elegir los mejores para tu familia.

Cada capítulo es una continuación del anterior, por lo que te recomiendo que leas todo el libro de principio a fin, sin brincarte partes.

Por último...

Todavía me hace falta mucho por seguir madurando y afinando mi perspectiva de la educación y la vida en general, y es muy probable que de aquí a algunos años, mis ideas hayan cambiado; pero hoy, comparto contigo lo que por ahora es mi convicción. Creo firmemente que cada persona es responsable de sus propias decisiones: cada padre tiene la libertad y la responsabilidad de elegir lo que crea que es mejor para sus hijos, y yo tengo la libertad y la responsabilidad de compartir lo que me ha liberado a mí y me ha brindado una mejor calidad de vida a mí, y ahora, a mis hijos también. Por lo tanto, hago uso de esa libertad y me dejo guiar por el fuerte impulso dentro de mí que me impide pasar por alto mi responsabilidad de hablar y compartir lo que sé y he descubierto hasta ahora. No puedo quedarme callada sabiendo que este mensaje puede ser la respuesta que otros padres estén buscando y llegue a representar un cambio significativo en sus vidas, tal y como sucedió en la mía.

Espero de todo corazón que encuentres las respuestas que necesitas y que asumas la responsabilidad que te corresponde.

PriscilaSalazar

aprendizajeSUPRAescolar

Sección 1

Hacia un cambio de paradigma en la educación

aprendizajeSUPRAescolar

Capítulo 1
¿Por qué ir más allá de los paradigmas escolares?
La paradoja de la sistematización

"La escuela es la agencia publicitaria que te hace creer que necesitas a la sociedad tal y como es. "

~ *Ivan Illich*

Hace muchos años, mi esposo era maestro de una preparatoria reconocida aquí en Guadalajara. La mayoría de los alumnos pertenecía a familias adineradas que, además de pagar las altas colegiaturas, podían darles a sus hijos el lujo de que trajeran buenos carros y ropa de marca. A mi marido le tocó escuchar pláticas entre los muchachos en las que hablaban mal de sus papás o se quejaban de que no les habían comprado esto o aquello.

En una ocasión, mi esposo les preguntó a sus alumnos de qué manera se ganarían la vida si de repente ya no tuvieran el soporte económico de sus padres y ellos tuvieran que hacerse cargo de sí mismos. Las respuestas fueron sorprendentes: la mayoría nunca había imaginado esa posibilidad. Algunos dijeron que conseguirían algún empleo de camareros o cajeros, y algunos de plano, se pusieron a llorar.

Es triste, pero cierto. Nuestro sistema educativo logra vaciar montones de datos en las aulas durante años, pero no logra preparar a los estudiantes para enfrentar la vida.

1. Una idea limitada por un sistema

La educación no siempre ha sido como la conocemos ahora. En la mayoría de las civilizaciones antiguas, los padres les transmitían a los hijos su cultura, y éstos aprendían los oficios de sus padres trabajando junto con ellos. Después de los mil años de oscurantismo de la Edad Media – cuando la educación de la masa del pueblo era casi nula – el estudio de los clásicos (gracias al invento de la imprenta), preparó los progresos del porvenir.

En los inicios de la era industrial, los oficios eran heredados y los niños eran enseñados de acuerdo al oficio de sus padres o tutores y a la necesidad más próxima de su entorno. Pero conforme los pueblos se transformaron en grandes ciudades modernas por la industrialización, los campesinos se convirtieron en obreros de fábricas. El artesano que trabajaba en su propio taller y enseñaba el oficio a sus hijos, se trasladó a las grandes ciudades a trabajar en las fábricas en calidad de obrero asalariado y pasó a depender del propietario de las máquinas. Los niños entonces, se convirtieron en una carga para la sociedad, que decidió utilizar la mano de obra infantil, pues era muy barata. Mujeres y niños trabajaban catorce horas diarias en fábricas textiles y mineras; lugares tan inadecuados, sombríos y malsanos, que los trabajadores estaban expuestos a sufrir accidentes a cada instante.

En medio de todo ese nuevo caos de modernidad e industrialización, el conocimiento continuó extendiéndose, y las grandes mentes de la época alzaron su voz en contra de la crueldad y la esclavitud que se les infligía en especial a los niños de las fábricas. Se propuso entonces, establecer escuelas para extender esa valiosa herramienta de la educación no solamente a las clases sociales más bajas y humildes, sino al estrato social más olvidado: los niños. Buscando la manera de impulsar el aprendizaje desde una edad temprana y de abarcar al mayor número de niños posible, se implementaron nuevos sistemas que facilitaran la educación en masa: planes de estudio generalizados, horarios específicos, grupos divididos por edades, conceptos divididos por materias, etcétera.

No obstante, el sistema que prometía grandes alcances, se convirtió en la misma razón de su fracaso. La sistematización que fue responsable del éxito de la era industrial es la responsable del fracaso en la educación. Lo que pudo haber sido una buena idea – impulsar el aprendizaje del mayor número de niños posible – quedó limitada por la producción en serie. Los niños no son productos en una línea de ensamble. Son seres humanos únicos, irrepetibles, cuya educación también debe ser individual, a la medida. Queriendo lograr mucho, la escolarización logra muy poco y de manera deficiente. Educación y escolarización no son sinónimos.

La opinión generalizada de la población es que el sistema educativo necesita una reforma. Sabemos que la educación es deficiente, que los alumnos pierden mucho tiempo en las escuelas, que los maestros no desempeñan bien su profesión, que nuestros jóvenes no saben qué harían si de repente tuvieran que ganarse la vida por ellos mismos. Pero, ¿cuál es el meollo del problema?

2. Un sistema obsoleto para una era moderna

La escolarización cumplió un cargo específico en la historia de la humanidad: fue el vehículo que mantuvo a la juventud alejada del mercado laboral y contribuyó importantemente en el progreso de las sociedades, la propagación de las ideas, y la producción de mano de obra para la industria. Pero ahora, dos siglos más tarde, vivimos en un mundo totalmente distinto. Vivimos en la era de la información. La era en la que el movimiento informático se volvió más rápido que el movimiento físico. Esta era se caracteriza por la rapidez, la competencia, la creatividad, la iniciativa, el crecimiento orgánico, el conocimiento. Y aun así, al día de hoy niños y jóvenes se ven forzados a memorizar datos históricos, culturales y científicos para luego repetirlos correctamente en una serie de pruebas que les permitirán obtener un título profesional que promete asegurarles su lugar en una sociedad moderna y sofisticada, cuyas demandas pronto sobrepasan las aptitudes que los cándidos estudiantes adquirieron en la escuela.

El conocimiento en nuestros días es mucho más que mera información. Hoy en día, tenemos la información al alcance de nuestros dedos, literalmente. Con la generalización del Internet y los dispositivos móviles, en unos cuantos segundos podemos obtener cualquier dato, cualquier respuesta. Por otra parte, no cualquier persona goza de conocimiento. El conocimiento se conforma por procesos, métodos y formas de abordar y resolver problemas. No es lo mismo obtener datos que saber qué hacer con ellos.

La antigua labor que la escuela efectuaba de liberar el conocimiento recluido en los conventos, ponerlo a la disposición de todos y asegurarle un lugar a cada estudiante en la línea de producción, hoy es obsoleta. Ahora, la necesidad inminente de nuestras sociedades es que nuestros hijos adquieran conocimiento: que tengan las estructuras internas que los habiliten para dar respuestas, para solucionar problemas, y para enfrentar apropiadamente cada situación de la vida. Para mí, es evidente que el sistema educativo escolarizado no puede desempeñar esa función, por la simple razón de que no fue instituido para eso.

3. Un sistema que extrae el significado del aprendizaje

¿Alguna vez has observado cómo aprende un niño pequeño? Con desesperación te pide el estuche de tus lentes para abrirlo, y no quiere que le expliques nada ni que intervengas para nada. Él quiere intentarlo solo. Se equivoca una y otra vez, y sigue intentando. Si tratas de ayudarle, no quiere escucharte, te arrebata el estuche de nuevo y sigue intentando encontrar la solución él mismo. No puedes hacer nada más que ser paciente y observar. Después de un rato y de muchos intentos fallidos, finalmente el niño te da el estuche y con él, toda su atención. Ahora sí está dispuesto a que le expliques cómo se hace.

El modelo pedagógico constructivista sostiene que el sujeto que aprende debe ser el constructor, el creador, el productor de su propio aprendizaje y no un mero reproductor del conocimiento de otros. No hay aprendizaje amplio, profundo y duradero sin la participación activa del que aprende. Según David Ausubel, una de las personalidades más importantes del constructivismo, el aprendizaje significativo es "el que puede relacionarse con lo que el alumno ya sabe". Y yo le agregaría: "ya sabe, o le interesa", pues en mi opinión, para que el alumno participe activamente, es indispensable que esté interesado en el tema. Cuando una persona muestra interés o curiosidad por un tema, e incluso ya ha intentado varias veces y se ha equivocado, se encuentra en el mejor momento para aprender, pues está en su máxima capacidad de recepción.

Pocas veces me interesé en aprender a cocinar cuando todavía era soltera y vivía con mi mamá. Le ayudaba a preparar la comida y seguía sus instrucciones paso a paso, pero no me interesaba mucho saber cómo hacer un platillo de principio a fin, yo sola. Desde el día en que me casé y tuve la cocina a mi cargo, he aprendido mucho más que todos los años que viví con ella. El interés de saber cómo cocinar por un lado, y la experiencia de haberme equivocado varias veces, me colocaron en el punto de mayor recepción y fue cuando más aprendí.

En un sistema estandarizado, es imposible programar los contenidos de acuerdo a los intereses de los niños. Ya que la instrucción en masa es su objetivo primordial, se vuelve indispensable que sus contenidos estén programados por materias, con horarios y con fechas límite. Lo que sucede es que muy pocas veces el alumno está interesado en aprender lo que "toca" ese día, y el aprovechamiento es muy bajo o casi nulo, pues los aprendizajes no son significativos.

Sara McGrath, en su libro "Unschooling: a lifestyle for learning" (Unschooling: un estilo de vida para el aprendizaje), lo explica así:

"Las divisiones por materias que se conocen en el ámbito escolar, no necesariamente existen en la vida. El lenguaje, las ciencias sociales y naturales, el arte, las matemáticas, la educación física... Todo se relaciona y se integra en el mundo real. La música requiere matemáticas, y la ciencia ocurrió en la historia. ¿Puedes definir la ciencia? Biología, botánica, química, física. En realidad, estos temas y herramientas de estudio divergen y a la vez se relacionan, dependiendo de las circunstancias".

Cuando los alumnos son obligados a estudiar conceptos fraccionados en materias, aislados de su aplicación en la vida cotidiana, no encuentran la motivación para hacerlo y por tanto, se pierde la oportunidad de conseguir aprendizajes significativos. La única motivación para seguir asistiendo a la escuela y seguir recibiendo datos fuera de contexto, sin significado y sin una aplicación inmediata, es el miedo a sacar bajas calificaciones. Por lo tanto, los alumnos se muestran apáticos, aburridos, cumpliendo con los requerimientos mínimos, deseando el momento en que se acabe la clase para ir a jugar.

Hace algunos años trabajé para mi papá en el área administrativa de una escuela. Cuando estuvo en mis manos la responsabilidad de los cheques, los cobros, los balances, las entradas, las salidas y todos esos asuntos administrativos, me encontré con que no sabía cómo resolver algunos problemas, y me acordé de mis notas de la clase de Administración que llevé en quinto semestre de prepa. Todos esos conceptos y términos me "sonaban" en la cabeza borrosamente, pero no lograba acordarme de mucho. Esa tarde cuando llegué a mi casa, lo primero que hice fue buscar mi cuaderno viejo y leer todo lo que escribí durante todo ese semestre de la escuela y luego me puse a investigar más en otros libros y en Internet. Al día siguiente tenía todas las respuestas que necesitaba para hacer mi trabajo. ¡Qué frustrante haber pasado seis meses aprendiendo algo que pude aprender en una sola tarde! El mejor momento para aprender algo realmente significativo es cuando nos encontramos en medio de la necesidad o del interés por aprender. Es como verter agua en una esponja seca. Todo se absorbe inmediatamente. Cuando no existe la necesidad, la información no se aprovecha. Es como verter agua en un vaso lleno: se desborda; tal y como se desperdician en vano horas y meses y años en miles de aulas.

¿Alguna vez has conocido a un niño experto en dinosaurios, o en marcas de carros, o en videojuegos?, ¿quién le enseñó todo ese conocimiento? Su propio interés. ¿Cuánto podrían aprender nuestros niños si sólo les dejáramos seguir sus propios intereses y estuviéramos cerca para acompañarles en ese proceso?

4. Un sistema al que muy pocos se adaptan

Un sistema estandarizado pretende meter niños de todos tamaños y formas, en agujeros cuadrados. Quienes tengan una silueta similar, pasarán sin más problema, pero quienes no, se quedarán afuera, o quizá pasarán, pero sacrificando alguna de sus partes o dejando algún hueco sin llenar.

La inteligencia es una combinación de factores

Howard Gardner, investigador y profesor, desarrolló la teoría de las inteligencias múltiples. En ella, él propuso que en vez de tener un solo nivel general de inteligencia, cada quien tiene una combinación única de inteligencias: maneras de percibir y relacionarnos con el mundo.

Esas ocho inteligencias, detalladas en su libro "Frames of Mind", comprenden:

Inteligencia Lingüística. Es la capacidad para comprender el orden y el significado de las palabras en la lectura, la escritura,

25

y también al hablar y escuchar. Estas personas aprenden fácilmente de clases, discusiones, juegos de palabras, historias, lecturas, escritos. Sus perfiles profesionales son: líderes políticos o religiosos, escritores, poetas, editores, etcétera.

Inteligencia Lógico-matemática. Es la capacidad para identificar modelos, calcular, formular y verificar hipótesis, utilizar el método científico y los razonamientos inductivo y deductivo. Los niños con una fuerte habilidad lógica aprenden fácilmente de rompecabezas, experimentos de ciencia, juegos numéricos, pensamiento crítico, cuadernos de ejercicios. Sus perfiles profesionales son: economistas, ingenieros, científicos, matemáticos, etcétera.

Inteligencia Espacial. Es la capacidad para presentar ideas visualmente, crear imágenes mentales, percibir detalles visuales, dibujar y confeccionar bocetos. Los niños con una fuerte habilidad espacial aprenden fácilmente de presentaciones visuales, actividades artísticas, metáforas, juegos imaginarios. Sus perfiles profesionales son: artistas, fotógrafos, guías turísticos, diseñadores, arquitectos, etcétera.

Corporal-cinética. Es la capacidad para realizar actividades que requieren fuerza, rapidez, flexibilidad, coordinación óculo-manual y equilibrio. Los niños con una fuerte habilidad cinética aprenden fácilmente de actividades físicas prácticas, experiencias táctiles, dramas, bailes, ejercicios de relajación, etcétera. Sus perfiles profesionales son: escultores, cirujanos, bailarines, deportistas, actores, etcétera.

Inteligencia Musical. Es la capacidad para escuchar, cantar y tocar instrumentos. Las personas con esta inteligencia tienen la habilidad de crear y analizar música. Los niños con una fuerte habilidad musical aprenden fácilmente de canciones o rimas. Y vale la pena mencionar que la música involucra conceptos matemáticos. Sus perfiles profesionales son: músicos, compositores, críticos musicales, etcétera.

Inteligencia Interpersonal. Es la capacidad de trabajar con gente, ayudar a las personas a identificar y superar problemas. Los niños con una fuerte habilidad interpersonal aprenden fácilmente de actividades grupales, clases entre compañeros, reuniones sociales, conversaciones uno a uno, etcétera. Sus perfiles profesionales son: administradores, docentes, psicólogos, terapeutas, líderes religiosos, etcétera.

Intrapersonal. Es la capacidad para plantearse metas, evaluar habilidades y desventajas personales, y controlar el pensamiento propio. Las personas con esta inteligencia tienen la habilidad de meditar, exhibir disciplina personal, conservar la compostura y dar lo mejor de sí mismas. Los niños con una fuerte habilidad intrapersonal aprenden fácilmente de instrucción individualizada, estudio independiente, etcétera. Sus perfiles profesionales son: empresarios, consejeros, terapeutas y otros que trabajan con las emociones y motivaciones personales.

Naturalista. Es la competencia para percibir las relaciones que existen entre varias especies o grupos de objetos y personas, así como reconocer y establecer si existen distinciones y semejanzas entre ellos. Los niños con fuertes habilidades naturalistas muestran interés en una conciencia sensorial aguda, atención a detalles sutiles, e historias largas que conectan recuerdos.

Según esta teoría, todos los seres humanos poseen una combinación única de las ocho inteligencias en mayor o menor medida. No hay tipos puros, y si los hubiera, les resultaría imposible funcionar. El sistema escolar actual no considera de igual importancia todas las inteligencias, sino que prioriza las dos primeras de la lista, (la inteligencia lingüística y la inteligencia lógico-matemática). Para Gardner es absurdo seguir insistiendo en que todos los alumnos aprendan de la misma manera, sabiendo lo que se sabe sobre tipos de inteligencia y estilos de aprendizaje.

Una de las ventajas de pasar mucho tiempo cerca de nuestros hijos observándolos y conociéndolos, es que nos mantenemos conscientes de sus fortalezas, habilidades e intereses, y de esa manera, les abrimos la puerta a actividades que mejor satisfagan las necesidades de cada niño.

Cada persona aprende de manera diferente

En esa misma época cuando mi esposo era maestro de preparatoria, tuvo un alumno de ésos que no se están quietos. El niño tenía ocurrencias geniales; pero cuando mi marido le pedía que se concentrara e hiciera su trabajo, él siempre se excusaba diciendo: "lo que pasa es que yo tengo Déficit de Atención y soy muy hiperactivo... ¡de verdad profe!, ¡pregúnteles a mis papás!" El niño había cargado con el peso de una etiqueta y finalmente, había aprendido a sacarle algún provecho.

En el sistema escolarizado, cualquier persona cuya combinación de inteligencias no esté en el rango de la lingüística o la matemática, recibe la etiqueta de algún síndrome, alguna deficiencia o alguna discapacidad. Sin embargo, un niño dictaminado con autismo quizá tenga una gran habilidad para las ciencias; un niño que muestra rasgos de dislexia quizás tenga gran talento para el arte; una niña con síndrome de Down tal vez tiene una gran sensibilidad para las demás personas y sus necesidades; un niño etiquetado con déficit de atención quizá esté mostrando síntomas de aburrimiento debido a su alto coeficiente intelectual. Pero para el sistema educativo tradicional, una forma diferente de aprender representa una contrariedad para su propia agenda, por lo que es más fácil etiquetar al niño como defectuoso en vez de adaptar sus programas y metodologías a él.

Existen diferencias marcadas entre niños y niñas

Cuando supe que el bebé que estaba esperando por primera vez era un niño, experimenté una mezcla de emociones muy fuertes. Por un lado, estaba emocionada de tener en mi vida a un ser del género masculino, pero por otro lado, me sentía tan... ajena a ese mundo. Habiendo crecido en un hogar donde había una mamá, tres hijas y solamente un papá del género masculino, mi mundo siempre había sido predominantemente femenino. Ahora que paso todo mi día con tres hombrecitos menores de seis años y mi marido, cada vez compruebo más las diferencias tan marcadas que existen entre hombres y mujeres, y sinceramente, ¡me resulta fascinante!

Últimamente me he interesado mucho por este tema y he investigado un poco al respecto. Leyendo "Raising Boys" (Criando Hijos Varones), de Steve Biddulph; y "The Minds of Boys" (Las Mentes de los Niños Varones), de Michael Gurian, me he asombrado al descubrir que las diferencias que yo ya había observado tienen una explicación científica. Existen diferencias fundamentales en conexiones, bioquímica, desarrollo neurológico, y la anatomía del cerebro de niños y niñas. A esta nueva ciencia se le llama "ciencia de género."

Los cerebros de niños y niñas son de diferente tamaño, y el cuerpo calloso del cerebro femenino permite mayor comunicación entre los dos hemisferios que el de un hombre. A los cuatro meses de edad, los centros de la memoria al igual que las vías espaciales y mecánicas ya funcionan de manera diferente en niños y niñas. Las bebés niñas tienden a voltear la vista rápidamente hacia sus cuidadores y ponen más atención a sus palabras. Los centros verbales se están desarrollando en el cerebro femenino más rápidamente que en el masculino. El hipocampo (otra área de almacenamiento de memoria en el cerebro) trabaja de manera diferente en niños y niñas. Los niños tienden a necesitar más tiempo para memorizar datos – especialmente datos escritos – que las niñas. Sin embargo, debido a que el hipocampo masculino favorece la formación de listados, los niños tienden a tener éxito memorizando grandes cantidades de información siempre y cuando esté organizada en mapas mentales o categorías jerárquicas (punto, subpunto, sub-subpunto)

Las niñas tienen, en general, conectores neurales en sus lóbulos temporales más fuertes que los de los niños; estos conectores más fuertes parecen facilitar el almacenamiento de una memoria sensorial más detallada y una mejor capacidad para escuchar, especialmente distintos tonos de voz. Los niños en general, captan menos de los sonidos de su alrededor, especialmente cuando son palabras, y necesitan más experiencias táctiles y sensoriales que las niñas para que sus cerebros se enciendan al aprendizaje.

El cerebro masculino está programado para renovarse, recargarse y reorientarse entre tarea y tarea, al entrar en un "estado de reposo". No es que sean tontos o flojos o que tengan problemas de aprendizaje – como generalmente se les dice a los niños varones en la escuela – sino que su cerebro está buscando maneras de autoestimularse y en esa búsqueda, caen en realizar acciones prohibidas, como tamborilear con el lápiz, dibujar, o soñar despiertos. En contraste, aunque una niña se aburre en clase, seguirá con los ojos abiertos y tomando notas. Esto se debe a que el cerebro femenino en realidad no entra a un estado de reposo como lo hace el masculino. El flujo sanguíneo femenino, incluso en momentos de reposo cerebral, es muy activo.

Las hormonas también marcan diferencias importantes. La testosterona hace que los niños estén más interesados en asuntos de jerarquía y competencia, que puedan concentrarse de lleno en una sola cosa, que tengan un pensamiento muy lógico y concreto, y que tengan muchísimas energías. Los niños tienden a no aprender tan bien como las niñas (en general), cuando están sentados quietos o en estado sedentario. Los niños tienen mayores posibilidades que las niñas de adjuntar su aprendizaje al movimiento físico. Este movimiento por lo general, es crucial para el aprendizaje del cerebro masculino.

A la conclusión que yo he llegado es que la escuela está diseñada para un público femenino. Las habilidades de memoria, atención, tolerancia a la frustración, seguimiento de instrucciones, esmero en el trabajo, etcétera, son mucho más fuertes en el cerebro femenino que en el masculino, y de hecho, los porcentajes más altos de fracaso escolar se encuentran entre los alumnos de sexo masculino.

5. Un sistema que favorece fenómenos sociales

Un beneficio que el sistema escolarizado se jacta de ofrecer a sus alumnos es la llamada socialización. Beneficio que los padres temen mucho el perder cuando se plantean la idea de desescolarizar a sus hijos.

En mi opinión, cuando hablamos de socializar, en realidad lo que queremos decir es convivir. Convivir significa "vivir en compañía de otro u otros", mientras que socializar es promover las condiciones sociales que favorezcan en los seres humanos el desarrollo integral de su persona; y para favorecer el desarrollo integral de una persona hace falta algo más que únicamente convivir en un salón con otros treinta de tu misma edad.

Yo creo que la escuela es un lugar en el que los niños sí conviven, pero no socializan, debido a que el sistema:

No facilita la configuración de la identidad propia

En un grupo de individuos de la misma edad se crea un fenómeno que se llama "presión de grupo". Esta presión consiste en que los niños (o jóvenes) necesitan competir por la aceptación de los demás, ya que su identidad depende de ello, y entonces son capaces de hacer lo que sea con tal de ser aceptados socialmente. Como cuando yo tuve un desempeño mediocre porque no quería ser rechazada igual que la niña del cuadro de honor, o como cuando en la secundaria, la opinión de mis amigas llegó a ser más importante que la opinión de mis papás, aun cuando implicaba que yo usara cierta marca de ropa, fumara, mintiera para encubrirlas, o me hiciera "la pinta". Quería ser aceptada por ellas y no me importaba tener bajas calificaciones u obtener sanciones, con tal de conservar su amistad.

En una situación donde hay presión de grupo, las figuras de mayor experiencia, como los maestros o los padres, pierden su capacidad de influencia y se convierten en el "bando enemigo". Quiere decir, entonces, que además de depender de otros para tener una identidad, la presión es tan fuerte que pone en riesgo el marco de valores que se les ha inculcado en su hogar a los estudiantes.

No enseña a trabajar en equipo

Donde hay presión de grupo, cualquiera que logra sobresalir un poco es criticado, escarnecido y rechazado. Sin una motivación superior a aprobar los exámenes, tampoco existe un objetivo común entre los estudiantes. No hay una pasión que les sirva de punto de enlace para hacer sinergia y lograr una meta en equipo. Por supuesto que la convivencia sí produce amistades fuertes, cuya lealtad muchas veces es usada para encubrirse unos a otros o para unirse en contra de las autoridades. El mismo sistema obliga a los niños a aprender a callarse ante las injusticias con tal de salvar su propia reputación y no ser rechazado por soplón.

Yo tuve muy malas experiencias trabajando en equipo. Era frustrante. Siempre me tocaba la mala suerte de trabajar con los flojos del salón y entonces yo hacía el papel de arriero detrás de ellos, insistiéndoles que trabajáramos. En una ocasión estaba tan frustrada que dejé de insistirles que hicieran su parte. Yo me dediqué a hacer el trabajo por mi cuenta y cuando terminé, fui con la maestra y se lo entregué diciéndole que sólo yo había trabajado y mis compañeros no. A ellos yo no les dije nada, y cuando supieron que estaban reprobados mientras que yo tenía diez, perdí su amistad para siempre. Ahora que lo pienso me pregunto: "si el objetivo de la tarea era fomentar el trabajo en equipo, ¿por qué no nos dieron las herramientas para saber cómo organizarnos, aportar nuestras habilidades y hacer un verdadero trabajo en equipo?, ¿por qué cuando le entregué mi trabajo individual a la maestra, me lo recibió?, ¿por qué no me animó a persuadir a mis compañeros para trabajar complementándome con ellos?"

No promueve las relaciones con todo tipo de personas y sí propicia la desintegración familiar

La separación de grupos por edades fue una de las características de la nueva estructuración del sistema educativo en el siglo XIX. Me parece que este acomodo se instituyó para facilitarles el trabajo a los maestros y planear los contenidos de las clases; pero desde el punto de vista social, creo que es una idea antinatural. Fuera del escenario escolar, no existe otra situación social en la que nos encontremos con otros treinta individuos de nuestra misma edad durante seis u ocho horas al día. En una familia siempre hay individuos de diferentes edades: abuelos, padres, hijos jóvenes, niños y bebés, precisamente para favorecer una socialización completa, en la que los mayores ayudan a los menores y los menores aprenden y son inspirados por el ejemplo de los mayores; pero bajo un esquema escolarizado, los niños crean lazos de amistad y lealtad mucho más fuertes con personas desconocidas, que con los miembros de su propia familia, lo que es parte del gran problema de la desintegración familiar de nuestras sociedades.

No ofrece una visión auténtica de la sociedad

Este acomodo antinatural crea una sociedad ficticia que no puede ofrecer una visión auténtica de la sociedad, y por lo tanto, no puede capacitar a los alumnos para vivir en la vida real.

Recuerdo que los muchachos "populares" de la secundaria y la prepa, eran los más flojos, irresponsables y burlones. Eran los reyes de la sociedad. Todos querían ganarse el favor de estas personas con tal de no ser víctimas de sus escarnios, y les ayudaban a hacer tareas o a pasarles respuestas en los exámenes. Cuando estos individuos populares salen de la escuela, se les acaban sus días de gloria y tienen que enfrentarse al mundo real, y al no haber adquirido herramientas útiles, se dedican a hacer lo que sí aprendieron bien: vivir a expensas de otros, ganar dinero haciendo transas o manipular a otros para ganarse su lealtad.

Por otro lado, se tiene la creencia generalizada de que es necesario convivir "con todo tipo de gente" para que más adelante sepamos cómo enfrentar todas las situaciones de la vida. Uno de los argumentos más trillados que se escuchan cuando recién platicas que tus hijos no van a la escuela es el de la burbuja: "¡pero no puedes tenerlos encerrados en una burbuja!", "deben exponerse a lo malo también para que se acostumbren y sepan cómo enfrentarlo."

El *"bullying"* es un fenómeno resultante de una sociedad anormal, enferma. Quizá haber pasado tantos años siendo víctimas de él, ahora estamos preparados para vivir en nuestras sociedades llenas de violencia e inseguridad, con absoluto conformismo, sin decir ni hacer nada al respecto. Alguien una vez dijo que creer que debemos exponernos a lo malo para acostumbrarnos, equivale a decir que debemos respirar del escape del carro todos los días, para acostumbrarnos a la contaminación. Y sí, es verdad que nos acostumbramos a lo malo; el problema es que esa costumbre no nos enseña cómo enfrentarlo correctamente.

La solución no es reunir individuos de la misma edad creando una sociedad ficticia que no los prepara para vivir en la vida real. La solución es criar hijos que no vean las anomalías como normales, sino que sepan reconocerlas y denunciarlas. Para eso, es necesario que crezcan en un ambiente de respeto en el que no sufran ningún tipo de abuso, sino donde se les enseñe a relacionarse naturalmente con todo tipo de personas y a resolver todo tipo de conflictos.

¿Quién está encerrado en dónde?

6. Un sistema que condiciona la conducta

En una ocasión hace muchos años, me dejaron a cargo de un niño pequeño, hijo de unos parientes. El niño comenzó a ponerse muy inquieto y a brincar sobre las camas. Cuando le dije que por favor se estuviera tranquilo, me respondió: "Y si me porto bien, ¿qué me vas a dar?" Esa respuesta me dejó perpleja y se convirtió en el inicio de una profunda reflexión en mi vida, que ha durado años.

Más o menos por esa época, fue cuando trabajé en el área administrativa de la universidad donde mi papá era director, y también estuve dando clases a nivel de licenciatura. Durante ese tiempo tuve contacto con muchas personas: alumnos, maestros, padres de familia, empresarios, empleados, prestadores de servicios, servidores públicos, etcétera. A veces era muy frustrante toparme con la burocracia e ineptitud de algunas dependencias de gobierno; a veces no podía creer la falta de seriedad y calidad en los productos o servicios que tenía que contratar; a veces me sorprendía mucho la falta de diligencia de algunos empleados, y la necesidad tan grande de los patrones de ofrecerles incentivos a sus empleados para motivarlos a ser responsables, puntuales o productivos; y por supuesto, continuamente tenía que lidiar con la apatía de mis alumnos, cuya motivación para aprender no iba más allá de pasar los exámenes. Durante esa época de mi vida me sentía intrigada por estos asuntos de la mala actitud, la apatía y la necesidad de premios y castigos. Continuamente me hacía preguntas yo sola, sin llegar a conclusiones concretas todavía:

¿Por qué es tan difícil que las personas asuman sus responsabilidades sin esperar nada a cambio? ¿Por qué nos cuesta tanto trabajo hacer algo bien hecho y con el corazón, aunque no vayamos a recibir algo extra? ¿Cómo podemos motivar a los jóvenes para que quieran estudiar por interés propio? ¿De dónde debería venir la motivación para hacer lo correcto?

Esto tiene un nombre ~ se llama Conductismo

Poco después, comencé a estudiar la licenciatura en Ciencias de la Educación. Durante los primeros meses estudié datos muy interesantes sobre teorías educativas, y entre ellas, descubrí el Conductismo.

El Conductismo o Condicionamiento Operante (como le llamó B.F. Skinner), es una forma de aprendizaje en la que un sujeto tiende a repetir los comportamientos que conllevan consecuencias positivas y, por el contrario, deja de repetir los que conllevan consecuencias negativas. La investigación sobre el condicionamiento operante ha dado lugar a una tecnología muy minuciosa para la enseñanza, denominada modificación de conducta. Esta técnica para modificar la conducta consiste en reforzar las conductas deseables mediante algún tipo de estímulo agradable (premio), y en eliminar las conductas indeseables mediante un estímulo desagradable (castigo) Existen muchas variables, pero en esencia, el objetivo es modificar la conducta del sujeto manipulándolo a través de estímulos externos.

Una solución momentánea para favorecer al maestro

Las técnicas para modificar la conducta fueron incluidas en el sistema escolarizado durante la primera mitad del siglo XX. Los sistemas de calificaciones, exámenes, puntajes, reportes, sanciones, castigos, y mucho más, son algunas de las técnicas centradas en el aquí y ahora que el sistema utiliza para moldear la conducta de los alumnos a la conveniencia del maestro: afrontar el reto diario de mantener un salón de clases bajo control.

Dentro de una situación artificial como la de un aula, la autoridad natural del maestro se diluye considerablemente: por más que el maestro quiera comprometerse profundamente con el crecimiento de cada niño (en el mejor de los casos), le es imposible invertirse de lleno o dedicarle atención especial a cada uno; y como no puede crear una relación lo suficientemente fuerte como para influir en la vida de cada niño, es inevitable que se origine una multitud de problemas de conducta. Por lo tanto, la necesidad de equipar al maestro con herramientas que le ayuden a sobrellevar el día a día durante su ciclo escolar se vuelve indispensable. Las escuelas que aplican estas técnicas no están pensando en el futuro de los niños, sino en los resultados inmediatos que les faciliten el trabajo a los maestros.

Una solución indispensable para un ambiente soso y gris

¿Por qué las escuelas son obligatorias? Como ya lo mencionamos en la sección anterior, el objetivo inicial de la escuela fue el de ser una gran guardería para los hijos de los nuevos obreros. Sin ningún interés personal de estar allí, es difícil que un niño desee pasar la mitad de su día en un sitio como la escuela. Por lo tanto, es necesario hacer uso de un sistema de recompensas y sanciones que le obligue a estar allí.

Mi amiga Laura de Argentina, recientemente me platicó de los centros culturales tan comunes allá. Un centro cultural es un lugar que se destina para impartir clases de todo tipo. Los maestros interesados en impartir alguna clase hacen una solicitud, acuerdan el costo y programan su curso. Las personas que estén interesadas en asistir (chicos y grandes) se inscriben, pagan la cuota y asisten al curso. ¿Qué mueve a la gente a tomar estas clases? Su propio interés. Nadie las obliga a estar allí ni a terminar cierto número de horas ni a aprobar tal cantidad de exámenes. Si tienen el deseo lo toman, y si no, no.

En mi opinión, los centros educativos sí deberían ser obligatorios pero para el gobierno: que destinara el presupuesto de educación para equipar muy bien esos centros con tecnología, con profesionistas que ejerzan su carrera fungiendo como maestros, y currículos vigentes y útiles en la vida real. Y que los padres de familia tuvieran el derecho de elegir el mejor centro de acuerdo a sus propios intereses y los de sus hijos, y que hicieran uso de ellos en el tiempo y forma de su conveniencia.

Una solución temporal que acarrea consecuencias prolongadas

Durante varios años, tuve la oportunidad de trabajar como maestra de niños en diferentes eventos como seminarios, cursos de verano y escuela dominical. En esas clases les enseñábamos a los niños cualidades de carácter y cómo mostrarlas en sus vidas. Nuestra herramienta más eficaz para que los alumnos moldearan su carácter, eran los elogios. Cada vez que un niño mostraba alguna actitud correcta o relacionada con lo que les estábamos enseñando, nosotros lo reconocíamos públicamente y a veces también le dábamos algún objeto significativo (una figurita de papel coleccionable o una calcomanía con la palabra de la cualidad escrita) El objetivo era que los niños repitieran los mismos comportamientos utilizando como motivador su propia necesidad de aceptación y reconocimiento.

Durante ese tiempo tuvimos la oportunidad de relacionarnos muy de cerca con los niños y sus familias, y observar qué sucedía con su comportamiento. Varios acontecimientos llamaban mi atención desde aquellos días: en primer lugar, aunque nuestros alumnitos se esforzaban por modelar las cualidades que estaban aprendiendo y mostraban mucho entusiasmo en ello, también comenzaron a hacerse "adictos" a los elogios. Muchos de ellos venían a "informarnos" que habían sido atentos o generosos o compasivos, y nos veían con sus ojos grandes y brillantes de niños, esperando ansiosamente su recompensa. En segundo lugar, algunas mamás nos platicaban que en su casa se motivaban mutuamente (los que eran hermanitos) para comportarse según lo que habían aprendido el domingo. Pero otros, al no encontrarse bajo "el sistema" de la clase, olvidaban todo por completo y no tenían ningún interés en mostrar las mismas cualidades en casa. Si no había elogios allí, no encontraban el motivo de hacerlo.

Cuando usamos métodos conductistas para modificar la conducta, podemos obtener cambios temporales de comportamiento, pero nunca cambios permanentes de actitud. La persona actúa por miedo al castigo o por ambición de obtener el premio o el reconocimiento, pero no por convicción propia. Si los estímulos desaparecen, las conductas también lo hacen. Por otro lado, al usar métodos conductistas, continuamente se tienen que buscar castigos más fuertes o premios más atractivos. Conforme el individuo va creciendo, también sus demandas lo hacen, y lo que ahora lograba llamar su atención y apelar a su codicia, ya no lo hace cuando es mayor; y con el miedo sucede lo mismo. Sería absurdo tratar de sobornar a un adolescente con un chocolate, o atemorizarlo con la idea de no ver caricaturas. Por eso es tan común que los chicos se les salgan de control a los padres: lo que antes lograba controlarlos ahora ya no funciona.

Su resultado más prominente es la apatía.

Todos contamos con un motor interno que nos impulsa a actuar, a conocer, a descubrir, a tener una actitud entusiasta hacia la vida. Con el tiempo, el conductismo y muchos otros factores, van apagando esa chispa interna y nos volvemos apáticos, sin iniciativa, indiferentes hacia la vida. A mí me sorprende ver una actitud generalizada de apatía y desgano en los jóvenes. Sin iniciativa ni motivación propias, es necesario ofrecerles premios y amenazarlos con castigos para movilizarlos desde afuera. Pero lo peor es que esa actitud crece junto con ellos.

Recientemente estuve en una junta extra oficial del fraccionamiento donde vivimos, para tratar algunos asuntos en los que algunas personas no están asumiendo su responsabilidad personal, como estacionar su carro en lugares apropiados, no dejar sueltas a sus mascotas, pagar las cuotas a tiempo, y muchas cosas más. Lo que podría parecer "asuntos simples" ya se está convirtiendo en un problema muy serio que está involucrando falta de respeto, daños a propiedad privada y hasta demandas. Alguien hizo un comentario: "ya que nadie quiere asumir su responsabilidad voluntariamente, tendremos que aplicar sanciones."

Ahora que está tan de moda el cuidado ambiental y que hemos escuchado tanta propaganda acerca de separar nuestra basura, yo me pregunto: ¿cuántos de nosotros ya lo estamos haciendo por pura consciencia y amor al planeta?, ¿cuántos de nosotros lo hacemos porque no queremos que nos multen?, ¿cuántos no lo hemos hecho porque todavía no ha entrado en vigor la multa?... Qué tristeza que nuestra actitud como sociedad tenga que ser activada a través de premios o castigos.

La capacidad de cada persona de hacerse responsable se paraliza.

Más grave aún que su esterilidad para producir resultados duraderos, el conductismo desvía la mirada de la verdadera razón de actuar. Cada acción en sí misma ofrece una razón suficiente para ser efectuada, pero cuando prometemos algo a cambio, rompemos la conexión que existe dentro del individuo con su propia motivación interna, y lo conectamos a placeres externos, ajenos a él. Poco a poco vamos perdiendo esa comunicación con nuestra propia intuición, con esa vocecita dentro de nosotros que nos mueve a actuar, hasta que se vuelve casi inaudible; entonces tenemos que buscar voces fuera de nosotros que nos dirijan, que nos lleven de un lado a otro como navecillas sin rumbo fijo, llevadas por el viento de un lado a otro.

A medida que profundizaba en este tema, me sentía cada vez más indignada de que este tipo de métodos se utilicen deliberadamente para manipular la conducta a beneficio de los maestros. Los niños no son ratas de laboratorio a merced de los deseos del científico. No obstante, el conductismo en sí no es el problema, pues solamente es un conjunto de observaciones que describen el comportamiento humano. Esa habilidad que tenemos de evitar las consecuencias negativas y buscar las positivas, es lo que nos permite madurar, adaptarnos y vivir en sociedad. La experiencia de quemarnos con la estufa nos hace ser más precavidos en el futuro, y el primer cheque que recibimos nos motiva a seguir trabajando. El problema es llevar este conocimiento al extremo de manipular la conducta de nuestros hijos o alumnos para nuestra conveniencia, y en última instancia, para beneficio de todo un sistema.

7. Un sistema que crea dependencia

De todas las deficiencias y consecuencias del sistema escolarizado que he mencionado anteriormente, ninguna es tan grave como la dependencia. La dependencia es el daño más nocivo de la escolarización.

La esencia de la escolarización puede resumirse en pocas palabras, así:

La transferencia deliberada y sistemática de los saberes que se consideran valiosos, a los miembros más inexpertos. Se realiza a través de un currículo oficial aplicado en un tiempo y una forma específicos.

El maestro es la fuente del conocimiento, y el alumno, un simple receptor.

En el sistema escolarizado, la voluntad del alumno carece de valor; solamente debe sujetarse a las normas establecidas por el sistema. Al perder su capacidad de decidir, también pierde su deber de hacerse responsable, y queda resumido a un simple receptor pasivo que ejecuta órdenes precisas. Sin embargo, a diferencia de la esclavitud, la escolarización no es un estado físico, sino un estado mental. Nuestros cuerpos pueden ser libres mientras que nuestras mentes están esclavizadas, no porque alguien nos aprisione a la fuerza, sino porque nosotros decidimos aceptar ese pensamiento. Sea por tradición, por ignorancia, por costumbre o por lo que sea, nosotros decidimos aceptar el pensamiento de que sin escuela, no podemos aprender.

En esencia, este pensamiento significa:

"Yo no soy capaz de enseñarme nada a mí mismo; por lo tanto, alguien más debe decidir qué debo aprender y además, debe enseñármelo.
Si nadie lo hace, yo no puedo hacer nada, y si eso sucede, no tendré éxito en la vida;
por lo tanto, mi éxito o mi fracaso no dependen de mí, sino de alguien más."

Por supuesto que el pensamiento no es así de simple y llano; este concepto es sutil, difícil de identificar. Se filtra en nuestras mentes a través de años de adoctrinamiento, hasta el punto en que está tan arraigado en nuestro interior, que comienza a distorsionar nuestra percepción de la realidad y entonces ya no se trata solamente de ir a la escuela o no, sino de que hemos adoptado una mentalidad dependiente, la cual influye en todas las áreas de nuestra vida.

Recientemente, uno de mis hijos está aprendiendo a andar en triciclo. Todavía no tiene la fuerza suficiente en sus piernas para andar él solo, así que yo tengo que empujarlo por la espalda. Mientras que yo lo empujo, él avanza y puede manejar el manubrio, pero si yo paro, él también se detiene. En este momento, su "andar" en triciclo depende totalmente de mí. Tener una mentalidad dependiente es como subirse al triciclo y esperar que alguien más sea quien nos impulse, y si no existe alguien más que lo haga, nos quedamos parados sin avanzar a ningún lugar. Uno puede darse cuenta de que tiene una mentalidad dependiente cuando continuamente voltea hacia arriba para buscar instrucciones precisas de lo que debe hacer en tal o cual situación. Cuando queremos encontrar recetas fáciles que nos digan el ABC de lo que se debe o no debe hacer y en donde nos garanticen los resultados. Cuando quiero encontrar el libro que me diga paso a paso cómo hacer para que mi hijo se porte bien; o cuando quiero que el pastor de la iglesia me diga qué hacer para arreglar mi matrimonio; o cuando quiero encontrar una dieta fácil que me permita bajar de peso en poco tiempo. Cuando en vez de ir al fondo de cada situación y preguntarme: ¿cómo puedo solucionar este asunto? me pregunto: ¿quién podrá decirme lo que tengo que hacer? Y ese quien puede ser bastante amplio: los papás, la opinión de la sociedad, un amigo, una institución, una religión, un consejero, una corriente de crianza, la maestra, la moda... Cuando estamos dispuestos a someternos a la instrucción de alguien más con la expectativa de obtener un resultado favorable, y al final de todo, si ese resultado no es el esperado, crees que la culpa no es tuya, sino de quien te dijo lo que tenías que hacer.

En el documental "De Panzazo", dirigido por Juan Carlos Rulfo y el periodista Carlos Loret de Mola, que se estrenó en febrero de 2012, se presentan varios problemas del sistema educativo, y entre ellos, el ausentismo de maestros. Se recogen escenas de niños y jóvenes chacoteando y jugando en el salón, porque no tienen maestros. Es indignante saber que los maestros no se presentan a trabajar, pero para mí es más indignante ver a esos niños sin hacer NADA durante todo el día. ¿Cómo es posible que nuestros jóvenes mexicanos no sean capaces de abrir sus libros por su propia cuenta y comenzar a leer, a indagar, a descubrir? Es posible, debido al paradigma tan arraigado que nos hace creer que sin escuela o sin maestros no se puede aprender. Creer que una institución es la encargada de nuestra educación y por consiguiente, de nuestro destino laboral, y creer que debemos ser dirigidos desde afuera, y por tanto, somos dependientes de lo que otros hagan o dejen de hacer, es el primer paradigma que debemos romper. Lo que casi siempre nos falta a muchos de nosotros es creer en nosotros mismos, y sacudirnos la flojera para tomar esa responsabilidad en nuestras manos. El niño del documental decía: "¡lo único que pedimos es que nos enseñen!" Y en su petición, declaraban su desgana de hacer algo por ellos mismos y a la vez, su alegría de no tener que hacerlo y de no sentirse culpables: finalmente, los maestros son los responsables de la educación, no los alumnos.

La mentalidad dependiente nos da licencia para deslindarnos de nuestra responsabilidad y no sentirnos culpables. Por esta razón, muchas veces preferimos seguir siendo dependientes en muchas áreas de nuestra vida. Es cómodo culpar al gobierno, a la empresa, a la escuela, a nuestros padres, a nuestros consejeros, a la sociedad, a todo el mundo, de nuestra situación actual en vez de asumir nuestra propia responsabilidad.

No permitamos que la escolarización arruine nuestra educación

Me es fácil entender que un modelo educativo propuesto para el mundo de hace dos siglos no esté dando los mejores resultados en nuestra época actual. Lo que todavía me cuesta trabajo entender es por qué ese sistema obsoleto sigue funcionando exactamente igual, y lo peor de todo: por qué los ciudadanos seguimos teniendo fe en él. Podemos decir que la educación es un fin y la escolaridad es un medio. Sin embargo, para muchos la escolaridad es más que un mero medio. Es el medio. El instrumento creado que se ha convertido en un fin en sí mismo. Ahora la escuela es parte de nosotros. Una entidad institucional compleja con la autoridad de hacernos creer que sin ella, la educación no sería posible. Si deseamos preparar adecuadamente a nuestros hijos para las demandas de esta era, no podemos seguir usando los mismos sistemas creados hace casi doscientos años.

Sir Ken Robinson es un educador, escritor y conferenciante británico, experto en asuntos relacionados con la creatividad, la calidad de la enseñanza, la innovación y los recursos humanos. En una de sus famosas conferencias, "¡A iniciar la revolución del aprendizaje!", declara que el sistema educativo está en una crisis que no puede ser solucionada con reformas, puesto que todo el sistema es obsoleto. Debe haber una transformación total. Pasar del paradigma lineal al orgánico. De los principios industriales a los principios de la agricultura, en donde no podemos predecir los resultados del desarrollo humano, sino que lo único que podemos hacer, como agricultores, es crear las condiciones en las que nuestros niños comenzarán a florecer.

Es difícil dejar atrás los paradigmas que hemos creído durante mucho tiempo. Sin embargo, cuando nos detenemos y nos disponemos a escuchar con la mente y el corazón abiertos, sin pensar en cómo filtrar esa información a través de nuestras creencias personales, entonces comenzamos a descubrir nuevos mundos. Crecemos, aprendemos, maduramos.

"Las escuelas no necesariamente están relacionadas con la educación... solamente son instituciones de control donde algunos hábitos básicos deben inculcarse en la juventud. La educación es algo muy diferente, y ocupa un lugar pequeño en la escuela."

~ Winston Churchill

aprendizajeSUPRAescolar

Capítulo 2.
Existe una alternativa liberadora

"No hay escuela que se compare con un hogar decente y no existe un maestro que se compare con un papá virtuoso."

~ Mahatma Gandhi

1. Una práctica antigua traída a la modernidad

Antes de que comenzara a generalizarse la educación obligatoria en Estados Unidos, alrededor del siglo XVIII, casi todos los padres utilizaban libros para educar a sus hijos ellos mismos, o contrataban maestros o tutores. Tiempo después, la escolarización se generalizó, y algunas décadas después de que la primera ley de educación obligatoria fue aprobada, muchos padres y maestros consideraron que la escolarización masiva no estaba produciendo los resultados esperados.

John Holt (1923-1985), después de no encontrarle una aplicación práctica a lo que había aprendido en la escuela, y después de haber trabajado algunos años en la milicia, comenzó a dar clases en una primaria. Holt disfrutaba mucho estar en compañía de los niños. Le gustaba mucho observarlos, ver cómo aprendían, cómo reaccionaban; y le intrigaba ver cómo niños que eran brillantes y vivarachos en el patio de juegos, se volvían opacados y retraídos en el salón de clases. Tomando las notas de su diario personal, escribió sus dos primeros libros: "How Children Fail" (El Fracaso Escolar, 1964) y "How Children Learn" (Cómo Aprenden los Niños, 1967), donde afirma que las escuelas fomentan la competencia

47

y la ansiedad, y que los niños fracasan en ellas porque sienten miedo a ser humillados o castigados. En su labor de maestro, Holt buscó métodos alternativos como suprimir exámenes, para que los alumnos pudieran concentrarse en el aprendizaje y no en el temor a los profesores y las notas, pero esa iniciativa hizo que lo expulsaran de un colegio. Más adelante, Holt sugirió que las escuelas deberían ofrecer muchas cosas interesantes para ver y trabajar y en las que se les permitiera a los niños aprender a su manera. Se crearon alrededor de mil escuelas privadas alternativas, con cincuenta alumnos cada una, inspiradas en sus ideas, pero todas fracasaron, según Holt, "porque nadie quería mejorar las escuelas".

Por esa misma época surgió la pedagogía de la desescolarización, corriente que sostiene que la escolaridad es un falso servicio público que priva a las personas de la alegría de aprender. Los partidarios de esta opción defendían la legitimidad para educar a los niños lejos de las instituciones escolares, y por tanto, su obligatoriedad en la asistencia. A mediados el siglo XX surgieron una serie de autores que centraron su crítica en estos dos aspectos fundamentales: la obligatoriedad de la escolarización y el sistema organizativo escolar. Las primeras críticas a la escolarización en las escuelas aparecen en la década de los sesenta, con algunos escritos del autor norteamericano Paul Goodman, y su máximo apogeo se encuentra en los primeros años de la década de los setenta, con autores como Ivan Illich, Everett Reimer, el propio Holt o Marshall Mc Luhan.

Surgimiento de la moderna educación en casa

Influido por esta corriente, después de su experiencia con las escuelas alternativas y convencido de que el cambio no estaba en la escuela, escribió su libro "Instead of Education" (En vez de Educación, 1976), en el que trata de dar respuesta a la pregunta: ¿cómo puede la gente trabajar y vivir con más propósito? Después de la publicación del libro, Holt fue contactado por familias de todo Estados Unidos que habían tomado la decisión de educar a sus hijos en casa. A partir de entonces, Holt comenzó la publicación de una revista dedicada a la educación en el hogar llamada "Growing Without Schooling", (Creciendo sin Escolarización, 1977-2001) que puede encontrarse en internet. A través de esta revista, los términos *homeschooling* y *unschooling* fueron generalizados.

Holt escribió un total de diez libros y numerosos artículos relacionados con la enseñanza y la sociedad que la rodea. Él decía que sus libros no son un conjunto de teorías, sino trabajos de campo que nacen de la observación y de su contacto con niños durante muchos años. Muchas personas consideran que Holt fue un "crítico social" más que un reformador educativo, pero para mí, John Holt fue un visionario educativo que se adelantó a su época. Su perspectiva acerca de cómo aprenden los niños y su claridad mental para no quedar limitado en los paradigmas sociales y educativos que le rodeaban, dieron lugar a una corriente de pensamiento que ha inspirado a miles de familias alrededor del mundo; seguramente él no sabía el impacto que sus ideas causarían, y aunque alcanzó a ver que su obra benefició a algunas familias de su época, a casi treinta años de su muerte, ese fruto apenas está comenzando a robustecerse.

2. Nociones generales

Cuando alguien escucha de esto por primera vez, es muy común que experimente una oleada de sentimientos encontrados junto con una lluvia tupida de preguntas, casi todas al mismo tiempo: "¿Pero cómo le hacen?... ¿qué hacen en su casa?... ¿y necesitas un lugar especial en tu casa?... ¿y quién los acredita?... ¿pero tú eres maestra?... ¿y qué hay de la socialización?... ¿y qué pasa si los dos papás tienen que trabajar?... ¿de dónde sacan los materiales?... ¿y cuando quiera entrar a la universidad?... ¿tienes que ser de alguna religión para hacerlo?..."

Legalidad y certificación

En muchos países sí está reconocida legalmente esta alternativa educativa, y cada país tiene sus propios procedimientos y regulaciones. En otros países la situación es crítica y los padres tienen que luchar para poder mantener a sus hijos en casa. Existen muchos estudios, reportes y estadísticas al respecto que pueden encontrarse en internet.

En México existe un vacío legal. Esto quiere decir que este concepto no está contemplado en nuestra Constitución. Nuestro país cuenta con un organismo que se conoce como INEA (Instituto Nacional de Educación para los Adultos), creado para brindarles educación a todos los adultos que por alguna razón no pudieron asistir a la escuela. A partir de los 15 años, un joven puede acudir al INEA y solicitar que se le aplique una prueba global para acreditar toda la primaria y otra para la secundaria. El mismo INEA te regala los libros y las guías para estudiar para el examen. La mayoría de las familias mexicanas que han optado por la educación en casa, certifican a sus hijos a través del INEA, o a través de alguna escuela extranjera a distancia que pueda extender un certificado.

¿Pero de qué se trata?, ¿qué hacen todo el día?

Cada familia es diferente y lo que hace durante el día puede variar mucho, y precisamente eso es lo atractivo de optar por una alternativa distinta al sistema convencional. En términos generales puedo decirte que quienes han optado por no enviar a sus hijos a la escuela se dedican a vivir en el mundo real. Son familias normales con vidas normales, con trabajo, con responsabilidades, con problemas como todos los demás. La diferencia es que han decidido beneficiar a sus hijos con todas esas experiencias al permitirles compartir su día con ellos y al permitirles aprender de todo ese "andar" juntos.

Cuando una familia ha decidido educar en casa, por lo general sólo deja de llevar a los niños a la escuela. Algunas de ellas esperan a que termine el ciclo escolar, mientras que otras lo hacen en cualquier momento del ciclo. Algunas de ellas deciden hacerlo sólo durante uno o dos años y luego vuelven a escolarizar. En esos casos, los papás llegan a algún acuerdo con la institución en el que los niños continúen presentando sus exámenes para poder regresar después, o algún otro arreglo de acuerdo a la situación particular de cada familia. Una vez en casa, algunas familias optan por seguir un currículo específico; otras trabajan por proyectos; otras siguen los programas de la SEP (Secretaría de Educación Pública, en México); otras prefieren usar los intereses de cada niño como su guía. Cada vez es más sencillo optar por esta alternativa, debido a la gran cantidad de recursos que existe en el mercado: currículos, escuelas a distancia, materiales, e incluso blogs que comparten recursos e ideas; existen opciones para todas las necesidades y para todos los bolsillos. También existen diferentes filosofías o enfoques en cuanto al aprendizaje: Charlotte Mason, Montessori, Waldorf, Educación Libre, Educación Cristiana, Católica, etcétera. Muchas familias optan por alguna corriente específica y otras prefieren tomar lo que más les convenga de cada enfoque, siguiendo una línea más bien ecléctica. Una vez decidido el currículo y el enfoque educativo, algunas familias siguen un horario rígido y estricto, cumpliendo los objetivos del currículo que hayan escogido, mientras que otras combinan un tiempo de estudio con aprendizaje libre o clases extracurriculares, y también hay familias que no tienen ningún horario para estudiar, pero que continuamente están aprendiendo de todo lo que realizan durante el día. De igual manera, la gran mayoría destina un lugar específico para el estudio adecuándolo con mobiliario, equipo y materiales, de acuerdo al gusto o al presupuesto familiar.

¿Qué tan necesario es tener conocimientos docentes?

Todo depende de la perspectiva de los padres en cuanto a lo que quieren lograr con la educación de sus hijos. Si su deseo es que cumplan con todos los objetivos y requisitos asignados por los sistemas educativos oficiales desde el hogar, es muy probable que haber tenido algún tipo de preparación magisterial les sea útil. Pero si por el contrario, lo que ellos desean es conocer a sus hijos profundamente, entender cómo piensan, cuáles son sus intereses, acompañarlos continuamente en su proceso de aprendizaje y como resultado, crear una fuerte conexión con ellos, entonces tener una preparación magisterial es irrelevante.

¿Cómo socializan?

El deseo de los padres que han decidido tomar en sus manos la educación de sus hijos, es brindarles un acercamiento más auténtico a la sociedad, así que por lo general, estos niños logran integrarse a ella mucho más eficaz y naturalmente. Cada familia es diferente, pero casi todos los padres procuran que sus hijos tomen clases en diversas áreas fuera de casa (arte, deportes, ciencias, música, tecnología, lenguaje, etcétera). Además, los padres se preocupan mucho por conectarse con otras familias que comparten sus ideales e intereses y programan encuentros organizados o reuniones sociales para que los niños gocen de esta interacción.

¿Cómo combinan el trabajo de los papás?

Mucha gente tiene la impresión de que la educación en casa es una opción únicamente para los niveles socioeconómicos altos, ya que desde su perspectiva, privar a la familia del sueldo de uno de los padres para que se encargue de los niños durante todo el día, es un lujo que sólo los ricos pueden darse. En el caso de los padres que hemos decidido prescindir de la escuela, nuestro estilo de vida determina nuestras circunstancias, en vez de que nuestras circunstancias determinen nuestro estilo de vida. Esto quiere decir que no esperamos a que las circunstancias sean "favorables" para animarnos a tomar esta decisión, sino que una vez tomada, hacemos que nuestras circunstancias nos permitan continuar con ese estilo de vida. He visto familias que inician un negocio familiar para poder incluir a los hijos y además, obtener los recursos necesarios. He visto mamás solteras emprender sus propios negocios desde casa, en donde pueden seguir atendiendo a sus hijos. Otras familias llegan a arreglos en los que el papá trabaja unas horas y la mamá otras, o ciertos días de la semana y se turnan el cuidado de los niños, o se apoyan en los abuelos. En fin, las posibilidades son variadas.

El único requisito indispensable para tomar esta decisión es querer. Si los padres tienen la voluntad de hacerlo, entonces también encontrarán la vía para lograrlo.

Diferencias entre *homeschooling* y *unschooling*

Dentro de la educación en el hogar, existe toda una gama de perspectivas educativas y filosóficas: desde los más estructurados que literalmente llevan la escuela a la casa (*homeschooling*), hasta los menos estructurados que llevan el *unschooling* a un estilo de vida radical. Me gustaría dedicar esta sección para hablar un poco de los conceptos más importantes de las dos corrientes más significativas de esta modalidad educativa: el *homeschooling* y el *unschooling*.

Homeschooling. (Pronúnciese "*jóms-cúh-ling*")

La palabra *homeschooling* está compuesta por las palabras *home* - hogar, y *schooling* - escolarización. Escolarización en el hogar o escuela en casa.

En inglés, este vocablo se refiere al hecho de que los padres mismos escogen un programa estructurado, curso o currículo que imita a la escuela tradicional con materias, tareas, exámenes, calificaciones, y es tomado como guía. Existen muchos currículos diferentes en el mercado y varían en su contenido, pero básicamente incluyen planes de estudio para los padres y libros de texto, objetivos para cubrir y evaluaciones para los niños. Por lo general, se destina un espacio y un tiempo específicos para estudiar y cumplir con los requisitos del programa sistemáticamente.

En español, el uso de este anglicismo se ha generalizado para designar a cualquier familia que no envía a sus hijos a la escuela, independientemente de su enfoque pedagógico o filosófico. En lo personal, yo prefiero utilizar términos como aprendizaje o educación sin escuela.

Unschooling. (Pronúnciese _"áns-cúh-ling"_)

La palabra _unschooling_ se compone del prefijo _-un_, que quiere decir -sin, y la palabra -_schooling_, -escolarización. _Unschooling_ quiere decir sin escolarización.

Ya que estos términos se habían estado usando indistintamente, Holt sintió la necesidad de hacer una diferencia de términos, ya que muchos _"homeschoolers"_ al igual que el público en general, sienten que los niños no aprenderán nada a menos que se les enseñe deliberadamente, pero para Holt no era así. Él creía que aprender es un acto tan natural como respirar. No puedes enseñarle a nadie a hacerlo y tampoco puedes evitarlo. Por lo tanto, su concepto de educar consiste en dejar que el niño aprenda de las experiencias de la vida, generalmente iniciadas por el niño y facilitadas por el adulto. Aunque él habría preferido usar la palabra "vivir", utilizó el término _unschooling_ para expresar la esencia de su pedagogía. En su último libro, "Teach Your Own" (Enseña a los Tuyos), habló abiertamente acerca de la educación en el hogar; y su coescritor, Patrick Farenga, también dedica un espacio para definir con mayor precisión el término _unschooling_, el cual se ha ido generalizando junto con su aceptación por miles de familias en diversos países.

3. Breve reseña de la Pedagogía de John Holt

La obra de John Holt ha sido especialmente valiosa en mi entendimiento de cómo aprenden los niños y mi propio proceso de desescolarización, por lo que me gustaría hacer una breve síntesis de los conceptos más sobresalientes de su pedagogía, para compartirla contigo. Yo he tomado como base los libros que he leído de él y algunos otros autores partidarios del *unschooling*, pero en internet existe mucha información disponible para complementar lo que aquí comparto:

Todos los niños son aprendices por naturaleza

Platicando con una mamá, me decía muy escéptica: "pero ¿cómo puedo esperar que mi hija quiera aprender algo, si nadie se lo enseña?" Y muchos de nosotros tenemos esa idea: "una persona no puede aprender ni querrá aprender nada que no se le enseñe deliberadamente". ¿Recuerdas la mentalidad de dependencia? Es esta misma idea infiltrada en nuestras mentes la que nos hace creer que nadie es capaz de aprender algo si no hay un agente externo que nos empuje a aprenderlo.

Holt dedicaba mucho tiempo a observar a los niños pequeños que le rodeaban – sobrinitos y amiguitos – ya que le cautivaban la curiosidad innata de los niños y su capacidad para aprender lo necesario en cada momento. Le gustaba observar cómo aprendían a hablar su lengua materna sin que nadie les enseñara a hacerlo, y cómo descubrían el funcionamiento de las cosas por ellos mismos observando atentamente a los adultos de su alrededor, experimentando, equivocándose y volviéndolo a intentar una y otra vez. Él sostenía que todos los niños son capaces de aprender lo que sea – incluso leer y escribir – si tan sólo les damos la oportunidad de hacerlo por sus propios motivos y les brindamos solamente la ayuda que ellos nos soliciten.

En su libro "How Children Learn" (Cómo Aprenden los Niños), Holt escribe:

"Supongamos que decidiéramos que tenemos que "enseñarles" a hablar a los niños. ¿Cómo lo haríamos? Primero, algún comité de expertos analizaría el habla y la separaría en un número de "habilidades del habla" individuales. Probablemente diríamos que debido a que el habla se conforma de sonidos, primero se le tiene que enseñar al niño a hacer todos los sonidos de su lengua antes de enseñarle la lengua en sí misma. Sin duda listaríamos esos sonidos, los más fáciles y comunes primero y los más difíciles y raros después. Luego comenzaríamos a enseñarles a los infantes esos sonidos, siguiendo nuestra lista.

Tal vez, para no "confundir" al niño ("confundir" es una palabra maligna para muchos educadores) no dejaríamos que el niño oyera tantas conversaciones ordinarias, sino que sólo le permitiríamos exponerse a los sonidos que estamos tratando de enseñar. Junto con nuestra lista de sonidos, tendríamos una lista de sílabas y otra de palabras. Cuando el niño hubiera aprendido a hacer todos los sonidos de la lista de sonidos, comenzaríamos a enseñarle a combinar los sonidos en sílabas. Cuando pudiera decir todas las sílabas de la lista, comenzaríamos a enseñarle las palabras de nuestra lista de palabras. Al mismo tiempo, le enseñaríamos las reglas gramaticales para que pudiera combinar estas palabras recientemente aprendidas en enunciados. Todo estaría planeado, sin dejarle nada a la casualidad; habría bastantes ejercicios de práctica, repasos y exámenes, para asegurarnos de que nada se olvidara.

Supongamos que realmente intentáramos esto; ¿qué pasaría? Lo que pasaría, sencillamente, es que muchos niños, antes de que pudieran llegar muy lejos, estarían frustrados, desanimados, humillados y con miedo; y dejarían de intentar hacer lo que se les pidiera. Si, fuera de nuestras clases, vivieran una vida de niño normal, muchos de ellos probablemente ignorarían nuestra "enseñanza" y aprenderían a hablar por su cuenta. Si no, si nuestro control de sus vidas fuera total (el sueño de muchos educadores), entonces se refugiarían en el fracaso y el silencio deliberados, tal y como muchos de ellos lo hacen cuando lo que se les quiere enseñar es a leer".

Todos los niños aprenden de diferente manera y a diferentes ritmos.

Durante sus años como maestro, a Holt le llamaba mucho la atención observar a niños que en el juego libre eran muy brillantes, pero que en las clases siempre iban un paso atrás. Llevaba una libreta donde hacía anotaciones del rendimiento de cada niño y se daba cuenta de que cada uno respondía mejor a diferentes formas de enseñanza. Lo que concluyó fue que debido a que la educación tradicional requiere que todos los niños comiencen a leer y a multiplicar al mismo tiempo, algunos niños no pueden más que aburrirse cuando están listos para aprenderlo desde antes, o incluso peor, algunos no pueden más que fracasar cuando no están listos para aprender esta información todavía.

Por lo tanto, la pedagogía de Holt reconoce que existen diferencias entre todos los niños y las formas en las que aprenden mejor, por lo que cada niño debería tener la libertad de aprender a su ritmo y en su estilo lo que él necesite aprender en cada momento. Muchos de los niños que han crecido bajo la filosofía *unschooling*, han llegado a leer y escribir a edades tardías como 12 ó 13 años (tardías para el sistema convencional, pero puntuales para el desarrollo particular de cada niño); y lo interesante es que una vez que dominan la habilidad de leer, llegan a hacerlo mucho más eficientemente que sus compañeros de la misma edad que aprendieron a hacerlo a edades más tempranas.

No puede existir un cúmulo de conocimientos igual para todos

Sara McGrath explica este punto en su libro "Unschooling: a lifestyle for learning" (Unschooling: un estilo de vida para el aprendizaje)

"Todos tenemos intereses únicos y metas para el presente y el futuro (pasiones, sueños, llamados). Nuestras comunidades requieren una amplia variedad de habilidades. Ningún cúmulo común de conocimiento ni ninguna educación estandarizada puede suplir las necesidades tan diversas de una comunidad. Sin embargo, la mayoría de los niños invierte una cantidad considerable de tiempo y esfuerzo en programas educativos, para los que muchas veces no tienen el interés ni la aptitud. En vez de eso, los niños junto con los adultos en sus vidas, podrían usar ese tiempo nutriendo sus talentos únicos y trabajando en alcanzar sus sueños.

Los niños, al igual que los adultos, aprenden con facilidad y entusiasmo cuando pueden decidir qué aprender, según los intereses y necesidades que tienen sentido en su mundo real; a diferencia de lo que sucede cuando se sienten coaccionados o amenazados para aprender porque alguien le ha designado valor a la información. No es necesario pensar conscientemente en el proceso de aprendizaje, ya que sucede naturalmente. Cuando nos encontramos con un obstáculo para llevar a cabo una actividad, aprendemos lo que necesitamos para superar el reto".

Lo importante es aprender a aprender.

Para Holt, aprender una materia en particular es menos importante que aprender cómo aprenderla. Es posible almacenar millones de datos en la mente y aun así no tener educación. La habilidad más importante es saber encontrar el conocimiento, y tener una actitud proactiva para saber qué hacer con él.

"Ya que no sabemos qué conocimiento necesitaremos en el futuro, no tiene sentido tratar de enseñarlo por adelantado. En vez de eso, deberíamos tratar de producir gente que ame aprender y que aprenda tan bien que pueda aprender cualquier cosa que deba aprenderse". ~ John Holt

"Si los niños tienen suficiente acceso al mundo, verán con bastante claridad cuáles cosas son verdaderamente importantes para ellos y para otros, y se crearán una mejor senda en ese mundo que la que cualquier otra persona podría crearles". ~ John Holt

"Cuando apoyamos a nuestros hijos para que tomen la responsabilidad de su propio aprendizaje, a que posean su aprendizaje, les damos más de lo que jamás podríamos darles al dirigir su educación. Les damos confianza, control de sus vidas, libertad y posibilidades ilimitadas para el éxito personal y el placer en la vida". ~ Sara McGrath

El motivador para el aprendizaje debe ser el interés del niño

La diferencia esencial entre la pedagogía de Holt y el sistema educativo convencional radica en que la educación del aprendiz no es dirigida por un maestro o un currículo, sino que surge desde la curiosidad natural del niño como una extensión de sus intereses, inquietudes, necesidades, metas y planes.

"Cuando el niño es guiado por su propio interés, entonces los aprendizajes son significativos. Se quedan más tiempo en su mente ya que obedecen a sus propios motivos. Cuando se les da la libertad de actuar de acuerdo a sus propias motivaciones, los niños aprenden intuitivamente y de las formas que les parecen más fáciles. De esta manera, fortalecen la confianza en su habilidad para desarrollar nuevas destrezas, resolver problemas y encontrar la información deseada". ~ Sara McGrath

Los padres son facilitadores

Aunque la pedagogía de Holt enfatiza la motivación interior del aprendiz, no necesariamente les otorga un papel pasivo a los padres. De hecho, los padres *unschoolers* consideran que su labor puede ser incluso más ardua, ya que deben permanecer en un estado continuo de alerta en el que deben estar observando cuidadosamente a sus hijos para poder intervenir oportunamente sin estorbar, forzar o coaccionar, sino solamente para proponer y facilitar.

Sandra Dodd, madre educadora en casa, creadora del término "Unschooling Radical" propuso un concepto interesante: "siembra" (*strewing* en inglés, que quiere decir "esparcir"), y se refiere a colocar objetos llamativos alrededor de la casa donde puedan ser descubiertos por los niños, lo que daría origen a nuevas preguntas e investigaciones, sin necesidad de obligar ni forzar el aprendizaje. La base que sostiene la labor de los padres es la conexión, ya que si existe, siempre habrá una vía abierta para conocer cuáles son sus intereses y para saber cómo ofrecerles nuevos recursos y oportunidades para explorar.

En su libro, "Radical Unschooling: a Revolution has begun" (Unschooling Radical: una revolución ha comenzado), Dayna Martin explica:

"Yo no me veo como la maestra de mis hijos. No me paro enfrente de ellos vaciándoles conocimiento como la autoridad "sabelotodo". Mi trabajo es darles tanto del mundo como sea posible de tantas fuentes como sea posible para que aprendan y sigan sus intereses. Mi esposo y yo estamos presentes, a su lado, para ayudarles de cualquier forma que podamos. Nuestra función es estar totalmente involucrados y participar activamente. No tenemos que saber todas las respuestas. De hecho, si yo dependiera de lo que una persona sabe, como un maestro en la escuela, mi visión estaría predispuesta y mi aprendizaje sería limitado.

Vivir esta vida *unschooling* significa que exploramos juntos, ya que no sabemos todas las respuestas a cada interés de cada miembro de la familia. Sin embargo, sí sabemos cómo encontrar todas las respuestas y eso es lo más importante. A través del Internet, la televisión, libros, videojuegos, salidas, vacaciones, recursos comunitarios y clases extraescolares, les ofrecemos a nuestros hijos mucho más que lo que la escolarización tradicional podría ofrecer. No tememos decir 'no sé... vamos a investigarlo juntos' La educación no es la meta del *unschooling*.

Nuestras metas son la conexión familiar y la búsqueda de nuestros intereses juntos. Sin embargo, los niños sí obtienen una educación como efecto secundario de vivir una vida abundante juntos. Nuestra casa está llena de cosas divertidas y emocionantes para hacer como música, arte, juegos y manualidades. Los gabinetes de nuestra cocina están llenos de ingredientes para cocinar y hacer experimentos. Nuestra biblioteca rebosa de material interesante para leer, revistas informativas e intrigantes juegos y rompecabezas. Pero sobre todo, tenemos espacio. Espacio para jugar, bailar, crear y explorar. Tenemos cinco televisiones, cuatro computadoras, juegos de mesa y muchos juguetes de plástico y de madera. Hacemos todo el esfuerzo necesario para traer a las vidas de nuestros hijos cualquier cosa que deseen".

"Yo quiero dejar claro que no veo la Educación en el Hogar como un tipo de respuesta a lo deficiente de las escuelas. Yo creo que el hogar es la base adecuada para la exploración del mundo que entendemos como aprendizaje o educación. El hogar sería la mejor base no importando cuán buenas sean las escuelas."

~John Holt

aprendizajeSUPRAescolar

Sección 2

Asumiendo la responsabilidad de nuestra propia educación

aprendizajeSUPRAescolar

Capítulo 3
El asunto no es abandonar la escuela, ni traer la escuela a la casa, sino asumir tu responsabilidad

"Soy el amo de mi destino, soy el capitán de mi alma."

~ Nelson Mandela

1. Es necesario ir más allá

Cuando una familia ha decidido retirar a sus hijos de la escuela, por lo general sus miembros atraviesan por un período de desescolarización. La palabra desescolarización no existe en nuestro vocabulario. Es una traducción del término "deschooling" que fue popularizado por Ivan Illich en su famoso libro "Deschooling Society" (Desescolarizando a la Sociedad, 1971). Algunas publicaciones en la red definen la desescolarización como "el proceso mental por el que una persona atraviesa después de haber sido removida de un ambiente de escolarización convencional, cuando la "mentalidad de escuela" llega a erosionarse con el tiempo. Desescolarización también puede referirse al período de tiempo que les toma a los niños que han sido retirados de la escuela para ajustarse a aprender en un ambiente desestructurado".

Muchas familias hablan de la gran necesidad de desescolarizar su mente cuando recién emprenden un estilo de vida diferente. Muchos entienden la desescolarización como dejar de ir a la escuela, o regalar los libros de texto, o no tener orden en los horarios, o relajarse en el aspecto académico, o incluso algunos creen que significa cultivar una actitud de rebeldía en contra del sistema, o de repulsión hacia todo lo relacionado con la escuela. Yo creo que el concepto de desescolarizar se refiere a algo diferente. En mi opinión, desescolarizar tu mente significa atravesar por un proceso interno que consiste en desarraigar de nuestra mente algunas ideas y paradigmas que están incrustados en nuestro ser, mucho más profundamente de lo que nos imaginamos.

Asume tu responsabilidad

Cuando estaba en la primaria leí por primera vez la famosa fábula de La Fontaine "El lobo y el perro". Todavía me acuerdo de las ilustraciones de la historia en las que se veía a un lobo flaco y hambriento que platicaba con un perro gordo y bien alimentado. El perro le ofrece al lobo quedarse en su casa y vivir la misma fortuna que él: gozar de mucha comida y cariño de sus dueños. El lobo se alegra mucho y cuando van camino a su casa se da cuenta de que el perro tiene el cuello pelado. "¿Qué es eso?" le pregunta, a lo que el perro contesta: "No es más que la señal de la cadena". El perro le explica que aun así, él es feliz porque tiene toda la comida que desee, además del cuidado y cariño de sus amos. El lobo se desilusiona al darse cuenta de que toda esa fortuna viene a cambio de un precio muy alto, que es la esclavitud, y entonces se despide: "Pues, amigo, la amada libertad que yo consigo no he de trocarla de manera alguna por tu abundante y próspera fortuna. Marcha, marcha a vivir encarcelado; no serás envidiado de quien pasea el campo libremente, aunque tú comas tan glotonamente pan, tajadas, y huesos; porque al cabo, no hay bocado en sazón para un esclavo".

Ambos estados, dependencia y libertad, tienen sus ventajas y sus desventajas. Cuando uno es dependiente tiene la ventaja de poder echarles la culpa a otros de lo que sucede, por el costo de no tomar sus propias decisiones; mientras que cuando se es libre, uno tiene la ventaja de tomar sus propias decisiones, por el costo de ser responsable.

El significado de la responsabilidad

Mucha gente cree que ser libre es andar por la calle rompiendo normas, malgastando el dinero, malviviendo, molestando a otros y rebelándose contra la autoridad. Eso no es libertad, eso es libertinaje. Según el diccionario, libertinaje es:

Hacer lo que uno quiere, sin hacerse responsable de sus actos.

En contraste, según el diccionario, libertad es:

La capacidad que posee el ser humano de poder obrar según su propia voluntad, a lo largo de su vida; por lo que es responsable de sus actos.

Como podemos observar, el factor clave que hace la diferencia entre estos dos términos, es **la responsabilidad**.

Según Wikipedia:

La persona responsable es aquella que actúa conscientemente siendo él la causa directa o indirecta de un hecho ocurrido. Está obligado a responder por alguna cosa o alguna persona. También es quien cumple con sus obligaciones o que pone cuidado y atención en lo que hace o decide.

Para mí, ser responsable significa que tú entiendes que sólo tú eres el único encargado de tu propio éxito y bienestar en la vida, por lo que eres capaz de hacer todo lo que sea necesario para alcanzarlos. En esa búsqueda no sólo te beneficias tú, sino que comprendes, al igual que Platón, que buscando el bien de tus semejantes encuentras el tuyo.

Responsabilidad vs. Obligación

Enfrente de mi casa hay un señor que vende frutas y verduras. Es una de las personas más activas, diligentes y entusiastas que he conocido. Es muy trabajador y les da un excelente servicio a sus clientes. En contraste, hay dos o tres empleados que trabajan para él. Ninguno de ellos muestra el mismo entusiasmo que el dueño. Cometen errores en los pedidos, son lentos para hacer las cuentas y no se esfuerzan mucho por atender con excelencia a los clientes.

Pocas personas sienten que su trabajo es realmente suyo. La mayoría de la gente que trabaja para otro, se limita a hacer lo mínimo necesario para recibir un salario. Cuando nos sentimos obligados a realizar una actividad que no nació de nuestra propia iniciativa, es muy probable que nos mostremos apáticos e indiferentes. En cambio, cuando tenemos un sueño y queremos llevarlo a cabo, nos esforzamos al máximo para verlo realizado. Lo mismo puede observarse en el aprendizaje: cuando lo que tenemos que aprender es impuesto por alguien más, nos limitamos a hacer lo mínimo para evitar el castigo o ganar el premio. Sin embargo, cuando tenemos el profundo deseo de lograr algo, nos esforzamos por aprender lo que sea necesario con tal de llegar hasta allí, sin que nadie nos diga que debemos hacerlo. En ambos escenarios estamos trabajando y haciendo el esfuerzo de aprender, pero lo que motiva esas acciones es muy diferente. En una, la motivación es externa, ajena a nosotros mismos; mientras que en la otra, la motivación es propia, surge desde nuestro interior.

La obligación es una imposición de alguien más. La responsabilidad es una decisión personal y consciente.

El peso de saber que puedes ser libre

Muchos temen a la libertad y censuran a quienes son libres. En su libro, "Freedom and Beyond" (Libertad y más allá), John Holt dice que cuando un esclavo ve a otro liberarse de sus cadenas, entonces se da cuenta de que todo ese tiempo que ha estado allí prisionero, pudo haber sido libre. Holt dice que ese pensamiento muchas veces es insoportable, lo que hace que prefiera ver a todos los demás esclavizados igual que él para sentirse tranquilo, en vez de aceptar la idea de ser libre.

A veces sucede esto con el asunto de la educación. Si aceptamos que otros pueden ser libres, entonces debemos aceptar que nosotros también podemos serlo, lo cual muchas veces exige que confrontemos lo que hemos creído como verdadero por años. Y de nuevo, es más fácil juzgar a otros como rebeldes o locos, en vez de aceptar nuestra propia responsabilidad para poder ser libres también. Una vez que hemos decidido dar el paso de liberarnos, muchas veces buscamos cómo esclavizarnos otra vez porque nos sentimos temerosos de que nadie nos diga con claridad lo que tenemos que hacer. Teniendo a nuestros hijos ya en casa, buscamos alguien que nos diga paso a paso qué enseñarles, cómo y cuándo. Todos hemos pasado por allí. Todos nos sentimos atemorizados de asumir nuestra propia responsabilidad cuando hemos estado esclavizados durante tanto tiempo. Poco a poco debemos ir avanzando, tomando fuerza, madurando, asumiendo nuestra responsabilidad. Y si comenzamos a recibir críticas o ataques, simplemente significa que estamos avanzando.

Hace tiempo trabajé dando clases de español a extranjeros. Yo disfrutaba muchísimo mi trabajo. Me encantaba conocer gente nueva y escuchar acerca de sus países y culturas. Las demás maestras solían reunirse en la cocina de la escuela durante los recesos y sólo platicaban entre ellas. Seguido me invitaban a tomarme un café con ellas, pero yo prefería estar con los alumnos. Aprovechaba cada momento para estar con ellos, platicar, contestar sus dudas, hacerme su amiga. Un día, una de las maestras vino conmigo un poco seria y me pidió que por favor dejara de platicar con los alumnos y de hacerme su amiga, porque ahora ellos tenían la expectativa de que las demás maestras también estuvieran abiertas a contestarles dudas o a practicar el idioma incluso fuera de clases, y eso representaba una desventaja para ellas.

Recuerda que tu libertad asusta a los esclavos porque los obliga a confrontarse con sus creencias o sus prácticas, y eso no es cómodo para nadie. Lo mismo nos sucede como padres cuando comenzamos a aceptar la idea de que nuestros hijos son responsables de su propio aprendizaje. Sentimos ansiedad, queremos dominar, limitar, imponer, sancionar, no tanto por el bien de los niños, sino por nuestro propio bien. Porque nosotros mismos no hemos asumido nuestra propia responsabilidad por completo, y creemos que nuestros hijos tampoco son capaces de tomarla, y por eso necesitan cargar con el yugo de la obligación. Cuando tú eres esclavo, quieres esclavizar a otros. Si tú crees que debes hacer lo que otros te digan, también creerás que los que están debajo de ti deben hacer lo que tú les digas que hagan.

Desescolarizar nuestra mente es mucho más profundo que simplemente dejar de rellenar libros de texto. Requiere que nos confrontemos con nuestras creencias y prácticas y que reconozcamos que muchas veces queremos controlar a nuestros niños porque nosotros también fuimos controlados y no conocemos otra manera de hacer las cosas.

Atrévete a ser libre

Nelson Mandela, quien ha recibido más de 250 premios y reconocimientos internacionales durante cuatro décadas, incluyendo el Premio Nobel de la Paz en 1993, estuvo en la cárcel por 27 años. Durante ese tiempo vivió en condiciones precarias, pero eso no le impidió estudiar por correspondencia y titularse como licenciado en Derecho. Además, se convirtió en un símbolo de la lucha contra la discriminación racial dentro y fuera de Sudáfrica. Él escribió la siguiente reflexión:

Nuestro miedo más profundo

"Nuestro miedo más profundo no es que seamos inadecuados.
Nuestro miedo más profundo es que somos poderosos sin límite.
Es nuestra luz, no la oscuridad lo que más nos asusta.
Nos preguntamos: ¿quién soy yo para ser brillante, precioso,
talentoso y fabuloso?
En realidad, ¿quién eres tú para no serlo?
Eres hijo del universo.
El hecho de jugar a ser pequeño no sirve al mundo.
No hay nada iluminador en encogerte para que otras personas
cerca de ti no se sientan inseguras.
Nacemos para hacer manifiesto la gloria del universo que está
dentro de nosotros.
No solamente en algunos de nosotros:
Está dentro de todos y cada uno.
Y mientras dejamos lucir nuestra propia luz, inconscientemente
damos permiso a otras personas para hacer lo mismo.
Y al liberarnos de nuestro miedo, nuestra presencia
automáticamente libera a los demás".

La libertad no depende de las circunstancias que nos rodean ni de nuestro estado físico; la libertad es una decisión consciente, un estado mental. Desescolarizar tu mente significa independizarte de las ideas de otro para tener la libertad de pensar las tuyas y tomar tus propias decisiones. Atrévete a asumir tu responsabilidad y a ser verdaderamente libre.

2. Aprendizaje Supraescolar: una perspectiva más allá

Mi esposo y yo coincidimos en que el único encargado de su propia educación es uno mismo. Ya sea en la escuela o en la casa, uno mismo debe tener bien definida su propia identidad y tener un rumbo claro en la vida, y después, elegir cuáles sean las mejores herramientas para lograr todos sus objetivos. Una persona con una identidad bien definida puede ir a la escuela y aprovechar los recursos que hay allí, para sus propios fines; y también es posible que un niño educado en casa sea dependiente del currículo que sus padres han elegido para él y desarrolle una mentalidad escolarizada en la que no es capaz de asumir la responsabilidad de su propia vida y educación.

El éxito no radica en la calidad de las herramientas que uno elige, sino en lo que uno haga con esas herramientas. En otras palabras, el éxito radica en asumir tu propia responsabilidad.

Con estas ideas en mente, hace varios años mi marido sintió la necesidad de crear un nuevo término que expresara el tipo de educación que anhelamos para nuestros hijos y que poco a poco estamos confeccionando para ellos, así que compuso la palabra *supraescolar*. Es una palabra creada a partir del prefijo *supra* que viene del latín 'encima de', y el adjetivo *escolar*, que se refiere a lo perteneciente o relativo a la escuela. El término supraescolar quiere decir "por encima de lo escolar".

Características del concepto supraescolar:

Cada quien es responsable de su propia educación

Nosotros creemos que el problema de la escuela no es la escuela en sí misma, sino la autoridad que nosotros le hemos dado para controlar nuestra educación y la dependencia que tenemos de ella. Cuando tú estás seguro de lo que quieres y del rumbo que has escogido, puedes hacer uso de cualquier herramienta disponible a tu alcance (incluso la escuela), pero ninguna de esas herramientas te controla a ti, sino que tú las usas para lograr tus objetivos.

El modelo en el que se llena de datos al alumno para que en el futuro averigüe cómo emplearlos, quedó en el pasado. Todos podemos aprender todo lo que queramos, siempre que se deba a nuestras propias razones. Si lo que se aprende no tiene una aplicación tangible y un beneficio real, no es necesario aprenderlo. Y por el contrario, si existe la necesidad de aprender algo pero se requieren recursos fuera del aprendiz, se hace uso de ellos. El aprendizaje obedece a los motivos particulares del aprendiz y no al hecho de que se ha entregado a un sistema y a que debe seguir sus lineamientos. Ésta es la esencia del concepto supraescolar – la responsabilidad que cada individuo asume de su propia educación. Cuando los niños son pequeños, los padres asumen esta responsabilidad, estableciendo objetivos claros para la educación de sus hijos y siendo conscientes de que su labor es ayudarles a los niños a ser responsables. Cuando ya tienen madurez para hacerlo (independientemente de su edad cronológica), ellos asumen esa responsabilidad y buscan sus propias herramientas. El éxito no radica en los sistemas, dentro o fuera de la escuela. El éxito radica en saber hacia dónde vas y tomar todas las decisiones necesarias para llegar hasta allí.

La motivación interna es el motor que lo mueve todo

Más que enfocarnos en decidir qué deberían aprender nuestros hijos, en qué momento, de qué maneras, y en obligarlos a cumplir los requisitos de una instrucción académica estandarizada, el propósito de la educación debe ser que el niño encuentre lo antes posible el sentido de su vida. Si invertimos nuestro esfuerzo y recursos en ayudarlos a descubrir cuáles son sus pasiones, a trazarse metas y a encontrar las herramientas para alcanzarlas, nunca tendrán la necesidad de estímulos externos. Tendrán motivos para levantarse cada mañana y ser perseverantes en sus proyectos.

Para ello, es necesario mostrar confianza en la motivación interior de cada niño; observar sus fortalezas y sus debilidades; fomentar sus fortalezas, ayudarle a superar sus debilidades a su tiempo, a su ritmo. Poco a poco, el niño va descubriendo quién es, con qué características ha sido dotado y en qué desea invertir su vida. Cuando una persona tiene la libertad de tomar sus propias decisiones y de elegir su propio camino, carece de ataduras que le impidan volar y desarrollar su potencial al máximo. Cuando no son obligados a aprender, los niños aprenden mucho más y son capaces de aplicar su conocimiento prácticamente, pues su motivación interna y el placer que les produce el logro de sus propias metas son mucho más poderosas que cualquier coacción externa.

Obviamente, ningún camino por recorrer se parecerá a otro, pues cada ser humano es único y posee una combinación irrepetible de talentos y habilidades que le hacen ser atraído por intereses muy distintos y diversos a los de los demás.

Una relación fuerte es la base de todo lo que queramos construir encima.

La mentalidad de la división del trabajo que propulsó la revolución industrial en la que la responsabilidad del producto final se reparte en pequeñas tareas que realiza cada trabajador, se infiltró en el sistema educativo también. Muchas personas participan en la educación de un individuo, pero nadie es completamente responsable de ella. Padres, maestros, psicólogos, especialistas, todos cumplen una función, pero limitada. Cuando hay problemas, no hay ningún culpable absoluto, porque tampoco hay un responsable absoluto. Este despojo de la responsabilidad y del privilegio que los padres tienen sobre la educación de sus hijos, lleva a la mayoría a un estado de indiferencia y desentendimiento en el que cree que las instituciones educativas son las únicas responsables de la educación de sus hijos.

Steve Biddulph, en su libro "Raising Boys" (Criando Hijos Varones), comenta:

"Estudios recientes han encontrado que los chicos en la escuela que actúan como si no les importara nada, en realidad sí desean tener éxito y ser incluidos. Es sólo que les hemos puesto el camino demasiado empinado. Los castigamos pero no les ofrecemos liderazgo. El liderazgo no es algo que simplemente viene desde adelante, desde el escenario. Tiene que ser personal. Demasiadas veces, la vitalidad de los chicos se ve como una amenaza, algo que debe ser reprimido. Antes se reprimía a través del castigo corporal y del trabajo agotador. Ahora se les suspende, se les envía a salones aparte, o se usan sistemas tediosos y burocráticos de "reportes". Todo esto basado en una psicología de distancia, de no cercanía: "si eres malo, te aislamos"; cuando debería ser: "si necesitas ayuda, nos acercaremos a ti". La escuela debería ser un lugar de atención, de participación y de cercanía. Cuanto más necesita un chico, más debe recibir. Los chicos anhelan una experiencia intensa y activa, con hombres y mujeres que los desafíen y lleguen a conocerlos personalmente – y desde este conocimiento específico de sus necesidades, trabajen junto con ellos para moldear y extender su intelecto, espíritu y destrezas".

Un padre con una perspectiva supraescolar, entiende que tiene en sus manos una gran responsabilidad pero también un gran privilegio de ser la persona más cercana al aprendizaje de su hijo. Para él, lo más importante es crear una fuerte conexión con su hijo antes de buscar controlarlo o coaccionarlo para que aprenda lo que él cree que debe aprender. Como resultado, esa fuerte relación abrirá las vías necesarias de comunicación para que el padre pueda convertirse en un facilitador del aprendizaje; es decir, la persona que acerque todos los recursos necesarios para que su hijo pueda desarrollar su propio aprendizaje, a su propio ritmo, por sus propios motivos.

Cualquier herramienta es útil cuando tenemos un objetivo claro ~ incluso la escuela.

Según Steve Biddulph (antes mencionado), el ambiente educativo de las escuelas parece haber sido diseñado para personas de la tercera edad, no para gente joven en su época de más energía. Se espera que todos estén quietos, derechitos y obedientes. La pasividad requerida en la escuela contradice todo lo que sabemos sobre los niños, especialmente de los adolescentes. La adolescencia es la edad de la pasión. Si esta vitalidad no es encauzada, entonces se convierte en mal comportamiento y problemas de conducta.

Es imperiosa la necesidad de proveer las condiciones óptimas para el aprendizaje. Una educación adecuada es la que está hecha a la medida, y debemos esforzarnos por confeccionarla. Es necesario dejar atrás la idea medieval (cuando el conocimiento estaba encerrado en los conventos), de que la escuela es la fuente del saber y de que allí es el único lugar donde se encuentran los recursos para aprender. El mundo mismo es el salón de clases para la vida, y debemos transformar nuestra mentalidad de modo que podamos beneficiarnos de todo ese océano de recursos ilimitados, y que nos convirtamos en proveedores de recursos para otros. Al no vivir bajo los límites de escolaridad, el aprendizaje supraescolar es tan amplio como el mundo mismo. No se limita a las cuatro paredes del salón de clases, ni al conocimiento de una sola persona, ni a la interacción únicamente con gente de la misma edad, ni a los objetivos de una sola institución, sino que se abre y extiende su visión para buscar recursos en cualquier lugar, a través de un sinfín de personas y de un cúmulo de experiencias que poco a poco van potenciando la capacidad del estudiante de aprender y de integrarse saludablemente a este mundo. Tener una perspectiva supraescolar es definir un objetivo y luego elegir tus herramientas para lograrlo, por lo que incluso enviando a tus hijos a la escuela podrías tener una perspectiva supraescolar. El enemigo a vencer no es la escuela, sino la falta de responsabilidad y de objetivos claros.

Imagínate a un joven que tiene un proyecto y está bien decidido a llevarlo a cabo. Entre los recursos de donde puede echar mano, hay un maestro que es experto en su área. No es muy bueno, porque es de ese tipo de maestros a los que les gusta ver sufrir a los alumnos, pero aun así, el joven se esfuerza cumpliendo con sus demandas, no por miedo a los exámenes, sino porque sabe que ese maestro tiene los recursos que le ayudarán a completar su proyecto. Durante varios meses de muchas tareas tediosas y sermones aburridos, el joven se mantiene perseverante rescatando todos esos conceptos y materiales valiosos que poco a poco le ayudan a cumplir sus metas. En contraste, imaginemos a otro joven que no sabe lo que quiere lograr y tampoco sabe qué necesita aprender. Él sólo va a la escuela y le toca ese maestro malo. Al final no aprende nada y sólo se excusa diciendo: "pues el maestro es muy malo, sólo me deja tareas y tareas, pero no me enseña y por eso no he podido aprender nada."

¿Ves la diferencia?

En conclusión, pues, el aprendizaje supraescolar es la libertad de paradigmas escolares, educativos o sociales que nos permite aprender sin límites para desarrollar nuestro pleno potencial.

Es posible que a nuestra generación no le toque ver la transformación del sistema educativo, pero lo que sí tenemos en nuestras manos ahora es desescolarizar nuestra mente y liberarnos y liberar a nuestros hijos para que aprendan de una forma verdaderamente normal: a su ritmo, en su estilo y de acuerdo a sus necesidades particulares. No visualicemos la educación como una gran industria que manufactura productos en serie, masivamente; sino como un dedicado grupo de agricultores que producen cultivos orgánicos. Agricultores a quienes no les interesa alterar o apresurar el desarrollo de cada semilla con productos químicos o dañinos, sino que pacientemente invierten todo el tiempo y cuidados necesarios para que cada plantita crezca a su tiempo, a su ritmo y que dé el fruto que estaba en su diseño dar.

¿Qué quieres producir tú con el tipo de educación que les estás proveyendo a tus hijos?

"La filosofía de cada persona no se expresa en palabras; se expresa en las decisiones que toma... y las decisiones que tomamos son, finalmente, nuestra responsabilidad."

~ Eleanor Roosevelt

aprendizajeSUPRAescolar

Capítulo 4
¿Estás listo para asumir tu responsabilidad?

"Mucha gente no quiere libertad, ya que la libertad implica responsabilidad, y mucha gente le tiene miedo. "

~ *Sigmund Freud*

Para asumir tu responsabilidad como padre, necesitas tomar el control por completo en todas las áreas de tu vida. Eso no significa que otros no puedan ayudarte o que nunca eches mano de recursos fuera de ti. Tener el control por completo significa que tú eres consciente de dónde estás, hacia dónde vas y qué necesitas para llegar hasta allí y entonces haces uso de ello; cuando no tienes el control, te ves arrastrado por las circunstancias y te entregas a sistemas que realicen tu labor con tal de salir de la urgencia, a veces sin estar completamente consciente de lo que está sucediendo.

Para tomar el control por completo, es necesario dar cinco pasos esenciales:

1. Aprende a valorar el hecho de ser padre o madre

Me sorprende la frecuencia con que la gente en la calle se asombra de verme con tres niños. Apenas una o dos generaciones atrás, era muy común que las familias tuvieran seis, ocho o hasta doce o catorce hijos. Pero ahora, soy casi como un fenómeno por tener tres niños de edades entre 6 y 3 años. Cuando les platico que para mí es un privilegio tener a estos niños y poder invertirme en sus vidas, que yo no lo veo como una carga, y que hasta me gustaría tener más, se

79

asombran aún más y algunos incluso me ven con lástima o recelo, pensando que quizá se me zafó un tornillo.

Es evidente que entre las prioridades de la mayoría de los papás de hoy, satisfacer sus necesidades de logros académicos, sociales, económicos, afectivos, está mucho antes que invertir sus vidas en la siguiente generación. La mentalidad detrás del modelo social en el que los padres se esfuerzan por trabajar para otro mientras que alguien más se hace cargo de sus hijos, nació durante la revolución industrial y sigue tomando fuerza en nuestros días. Es una idea antinatural que debilita nuestras sociedades, ya que enriquece a las empresas y desintegra a las familias.

Amplía tu visión

La razón de ver a los niños como cargas, obstáculos o consumidores eternos de recursos, radica en nuestra incapacidad de visión. ¿Podemos visualizar lo que esos niños representan a largo plazo?, ¿somos capaces de proyectar a futuro esa energía que hoy nos colma la paciencia?, ¿o estamos tan hambrientos de realización personal, estabilidad financiera y comodidad presentes que sólo podemos ver a los pequeños estorbos que nos impiden alcanzar todo ello y entonces buscamos la manera de deshacernos de ellos? Muchas veces, aun cuando he decidido invertirme en mis hijos y teniéndolos conmigo de tiempo completo, me doy cuenta de que estoy luchando con la tentación de satisfacer mis necesidades presentes cuando estoy afanada e irritable con mis niños porque "no me dejan hacer cosas" (lo que sea, desde cocinar o recoger la casa, hasta revisar mi correo, escribir o leer) Entonces tengo que hacer un alto y darme cuenta de que no estoy manteniendo mi enfoque a futuro, en el resultado permanente, sino en el presente, en lo efímero y pasajero.

Los padres muchas veces no somos conscientes del impacto que nuestra inversión en esos pequeños tendrá a largo plazo. El rumbo de las sociedades futuras está en nuestras manos. El poder de una sociedad radica en la fortaleza de sus familias y para que las familias sean fuertes se requiere la participación activa de los padres en las vidas de sus hijos.

En su libro "Raising Boys" (Criando Hijos Varones), Steve Biddulph señala la importancia de esta labor:

"Incluso hoy, después de toda una revolución en el rol de los padres varones, la gente sigue preguntando: ¿los papás realmente importan?, ¿no pueden las mamás hacerlo todo?

Las investigaciones que demuestran la importancia de un papá son abrumadoramente claras. Los chicos con padres ausentes o problemáticos son estadísticamente más propensos a ser violentos, a ser lastimados, a meterse en problemas, a tener un bajo rendimiento escolar y a formar parte de pandillas juveniles durante la adolescencia. Son menos propensos a continuar con sus estudios o a tener una buena carrera. Tienen menos éxito en el matrimonio y son padres menos efectivos. Una buena mamá puede arreglárselas sin tener a un padre a su lado, pero es un trabajo verdaderamente duro.

Las chicas sin padre son más propensas a tener baja autoestima, a tener sexo antes de que ellas realmente lo deseen, a quedar embarazadas muy jóvenes, a recibir ataques o abusos, y a dejar sus estudios. Las familias sin hombres por lo general son más pobres y los niños de estas familias son más propensos a descender por la escalera socioeconómica. ¿Todo esto es suficiente para convencerte?

Ser padre es probablemente lo mejor que realizarás para tu propia satisfacción y gozo, y por su efecto, en el futuro de otros seres humanos. Y además es bastante agradable".

¿Habrá otra profesión de más importancia que ésta?

Ten una perspectiva generacional

La forma en que vemos las cosas puede cambiar por completo nuestra manera de pensar y de actuar. Algunas mamás se sienten abrumadas por su labor diaria, debido a la perspectiva que tienen de su trabajo y de sí mismas. Lo cierto es que podemos escoger entre mirar hacia el horizonte con pesadez anhelando el día en que esta tortura cotidiana por fin cesará, o podemos escoger vivir con entusiasmo porque vemos nuestra labor como una carrera contra el tiempo, pues no sabemos cuánto más tendremos a nuestros hijos cerca de nosotros.

Pensar en términos matemáticos puede ayudarnos a ubicarnos en la realidad: si un ser humano vive alrededor de unos 80 ó 90 años, de los cuales sólo vive en su casa con sus padres unos 18 ó 20 años, estamos hablando de que sólo tenemos la oportunidad de influir en nuestros hijos durante un 15% de sus vidas. Qué poquito, ¿no? El tiempo de intervenir en sus vidas y disfrutar cada minuto con ellos al máximo, es ahora. Ahora los tenemos con nosotros... mañana, no sabemos; y nadie – por más preparación o experiencia que tenga – podrá amar y cuidar a tus hijos como lo harías tú. Ya habrá tiempo después de dedicarles tiempo a tus proyectos o pasatiempos personales; lo importante hoy, son tus hijos.

Todos anhelamos trascender de alguna manera, y nuestros hijos son la vía para hacerlo. Necesitamos tener una perspectiva "generacional" de la educación. No podemos cambiar al mundo en una sola generación, pero sí podemos reproducirnos en nuestros hijos e influir de tal manera que ellos a su vez hagan lo mismo con la siguiente generación. El rumbo de las siguientes sociedades está en las manos de nosotras las mamás. Cuando logramos entender y valorar el significado de las características físicas que nos brindan sólo a nosotras las mujeres la preciosa oportunidad de realizar esta función, es cuando comenzamos a darnos cuenta de que tenemos en nuestras manos el motivo de sentirnos más que plenas y realizadas. Si tú eres mamá y tienes un pequeño en tus brazos, tu trabajo tiene el potencial de rendir las utilidades más valiosas que cualquier otro negocio, empresa o proyecto.

Determina tu actitud diaria escogiendo tus prioridades

Por lo general existe un conflicto continuo entre nuestro deseo de criar a nuestros hijos nosotras mismas y nuestro anhelo de realizar otro tipo de proyectos personales. Creo que como sociedad se nos ha vendido la idea de que las mujeres necesitan su espacio y que necesitan realizarse. El problema no es querer buscar esa realización, sino pensar que criar hijos no puede llenar ese deseo, lo que nos lleva a un sentimiento constante de vacío, de estar en el lugar equivocado, de descontento.

Yo estoy convencida de que las mujeres tenemos la capacidad de administrar un hogar, educar a nuestros niños e incluso, conducir un negocio próspero. La clave para hacerlo todo exitosamente sin descuidar ninguna área y para no experimentar culpabilidad, es definir bien nuestras prioridades y organizarnos de tal manera que no perdamos tiempo y le dediquemos a cada prioridad su tiempo y su espacio.

Tú tienes en tus manos la decisión entre vivir en un ciclo eterno de anhelar un lugar diferente a ése en el que te encuentras, o vivir en un estado de continua satisfacción y plenitud. Tú tienes todo el control sobre tu actitud. No se trata de pretender que vives una vida color de rosa, sino que tu visión de la vida te dimensiona correctamente en el lugar en el que te encuentras y te impide cambiar lo menos por lo más; lo efímero por lo permanente. Tú tienes la libertad y la responsabilidad de decidir qué es lo que quieres hacer y cada día, tomar la decisión de tener la actitud correcta para sentirte plena y realizada con eso que has decidido hacer. ¿De qué sirve hacer un esfuerzo sobrehumano todos los días para hacer tu trabajo y vivir siempre con un sentimiento de frustración o una actitud de víctima por lo que te toca hacer?

2. Aprende a trabajar en equipo

Muchas mamás se encuentran en el dilema de querer educar a sus hijos en casa y no contar con el consentimiento de su esposo. Aunque ellas están convencidas de que esta opción es lo mejor para sus hijos, no logran transmitirle esa convicción al papá. Muchas de ellas deciden tomar las cosas en sus manos y sacan a los niños de la escuela aun en contra de la voluntad de su marido, y puede ser que esta decisión resulte contraproducente, pues el beneficio que querían brindarles a sus hijos al sacarlos de la escuela se convierte en un perjuicio al rodearlos de un ambiente cargado de tensión y continuas discusiones.

En nuestra labor como padres es indispensable que sepamos trabajar en equipo con nuestra pareja. Sé que muchas veces no es fácil que dos personas se pongan de acuerdo en temas de tanta trascendencia, considerando que cada persona es un mundo de ideas, creencias, costumbres, experiencias, etcétera. Sin embargo, no se trata de ver quién es mejor o quién tiene la razón. Se trata de estar dispuestos a trabajar como un equipo: que los dos entiendan cuáles son sus fortalezas, cuáles son sus debilidades y que puedan complementarse mutuamente; para ello, tener una buena comunicación y estar bien informados es clave.

Comunicación.

La falta de disposición para escuchar la perspectiva del otro y para exponer la perspectiva propia con objetividad y respeto, es el origen de muchos de los problemas en pareja. Quizá no nos hemos tomado el tiempo para escuchar detenidamente las razones por las que la otra parte no quiere que los niños estén en casa. A veces no es tan fácil expresar lo que pensamos, porque ni siquiera nosotros hemos podido definirlo bien. Pero el hecho de que la otra parte no haya logrado expresarlo adecuadamente no quiere decir que sus razones no sean válidas. Es de suma importancia tomarnos un tiempo en el que podamos platicar con toda tranquilidad e intimidad, sabiendo que las ideas de ambas partes serán escuchadas, respetadas y consideradas. No se enreden en conflictos del pasado. Aclárenlos, perdónense y caminen hacia delante. Enfóquense en lo más importante que tienen en sus manos ahora: la educación de sus hijos.

Trabajar en equipo requiere que ambas partes aporten su disposición. Nadie puede obligar al otro, sino que debe ser una decisión voluntaria y consciente. Sólo así el proyecto puede ser exitoso.

Información.

La falta de información también puede ser una causa de desacuerdos. Quizá uno de los papás sólo ha escuchado una parte de esta nueva alternativa, y se siente desconcertado; pero si tuviera más información es probable que tendría más elementos para tomar otra decisión. Quizá la falta de información en uno de ellos es lo que ocasiona escepticismo en el otro. Si él ve que su pareja no pone cuidado en informarse bien al respecto, no siente la seguridad de que va a poner cuidado en el resto de los compromisos.

Tómense un tiempo para definir su proyecto de vida familiar. Luego, revisen con detenimiento toda la información posible acerca de todas las alternativas a su alcance. Visiten sitios web, lean libros, platiquen con otras familias, empápense de todos los temas sin tomar ninguna decisión todavía. Después, dense un tiempo para intercambiar opiniones, y para analizar qué herramientas o alternativas son las que mejor encajan en su proyecto inicial.

Por último, independientemente de la situación en la que te encuentres y de la disposición de tu pareja, tú decídete a tomar tu propia responsabilidad y a corregir lo que debas corregir. Revisa tu propia vida, ¿hay áreas que estés descuidando?, ¿existen actitudes o acciones que podrías mejorar?, ¿te has tomado el tiempo de escuchar detenidamente a tu pareja y considerar su opinión?

Cuando ambos padres comparten la misma visión y las mismas prioridades para su familia y para la educación de los hijos, la dinámica familiar diaria es mucho más provechosa.

3. Aprende a no ser víctima de tus circunstancias

Muchas veces he escuchado comentarios tales como:

"Si yo no tuviera que trabajar, sí haría homeschooling."

"Aunque sé que es la mejor opción para mis hijos, no me atrevería a sacarlos, ya que toda mi familia política estaría en desacuerdo."

"Todo eso de pasar mucho tiempo con mis hijos me atrae mucho, pero en este momento, no me animaría a hacerlo, ya que vivimos en una casa muy pequeña."

"Pues pensamos probar un año, a ver qué tal nos va; pero si vemos que se nos complica con el arranque del negocio, pues lo regresamos al colegio."

"Yo sí creo que la escuela no es el mejor lugar para que mis hijos aprendan, pero sinceramente, yo no tengo la paciencia que se necesita para tenerlos conmigo todo el día."

Si una persona decide ser atleta, entonces tiene que evaluar sus prioridades y acomodar sus circunstancias de manera que le sea posible llevar el estilo de vida por el que ha optado. Si decides cambiar tus hábitos alimenticios por unos más saludables, no puedes esperar que todos tus amigos cancelen sus reuniones sociales para que no te pongan tentaciones con la comida. Si decides irte a vivir a otro país, definitivamente tendrás que adaptarte a los nuevos lugares, normas, costumbres, clima, idioma, alimentos, de tu nuevo hogar. Si una persona quiere ser concertista, quizá tendrá que sacrificarse o privarse de muchas otras cosas para poder tener tiempo para practicar, para acudir a los ensayos, para comprar y mantener su instrumento, etcétera; y todos sabemos de historias inspiradoras en donde el anhelo de una persona fue mucho más allá de sus circunstancias presentes y finalmente alcanzó sus sueños.

En el caso de los padres que han decidido prescindir de la escuela, ese estilo de vida por el que han optado es el que determina sus circunstancias y no al revés. Ellos no esperan a que todas las piezas estén "acomodadas" para dar el paso, sino que una vez dado el paso, trabajan para ordenar todas las piezas a su favor. Algunas familias deciden emprender un negocio desde casa, donde pueden estar al pendiente de sus hijos a la vez que les dan la oportunidad de aprender el oficio. Otros deciden mudarse a las afueras de la ciudad donde pueden tener una casa más espaciosa por un costo menor. Sin el compromiso de tener que salir todos los días a la escuela y al trabajo, pueden darse el "lujo" de sacrificar distancia por espacio. Otros han decidido recortar todos los gastos, como no tener una casa propia o buenos carros o empleada doméstica. Muchas familias están dispuestas a soportar la fuerte presión social por parte de familiares y amigos, pero a medida que transcurren los años y ellos se mantienen firmes y los frutos en las vidas de sus hijos comienzan a ser evidentes, entonces las críticas que recibieron al principio se transforman en elogios e incluso, en consultas de cómo han logrado tales resultados. Muchas mamás también hemos tenido que enfrentarnos a nuestro yo interno, definir cuáles son nuestras prioridades más importantes y trabajar arduamente en nuestras actitudes diarias.

Pero no me malentiendas. No estoy diciendo que todos deberían sacar a sus hijos de la escuela, o que no existe excusa para no hacerlo, o que no existe razón válida para optar por la escolarización. El éxito en la educación y crianza de nuestros hijos no depende de que vayan o no a la escuela, sino en tu disposición para invertirte en ellos independientemente de tus circunstancias. De hecho, yo recomiendo que si no estás totalmente seguro, ni intentes dar el primer paso, ya que tomar una decisión de la cual no estás convencido es exactamente lo mismo que ir a la escuela por costumbre. Pero lo que sí estoy diciendo es que no renuncies al estilo de vida que tú realmente anhelas en lo profundo de ti, simplemente porque sigues siendo controlado por tus circunstancias presentes y no estás dispuesto a liberarte de ellas para tomar el control por completo.

Una vez que has decidido asumir tu responsabilidad en todas las áreas de tu vida, no puedes permitir que tus circunstancias definan el rumbo de tus acciones; cualesquiera que sean tus ideales en la crianza de tus hijos, debes hacer que tus circunstancias estén alineadas con el estilo de vida que has decidido vivir. Sólo así estarás asumiendo tu responsabilidad por completo. Cada quien tiene la posibilidad de decidir el estilo de vida que desea vivir, de acuerdo a sus ideales y metas en la vida.

4. Aprende a confiar en tu propia intuición

Actualmente, gracias a la facilidad con que podemos obtener y compartir información, es muy común que tengamos acceso a diferentes corrientes de crianza y educación. Existen innumerables autores y expertos que ponen a nuestro alcance "técnicas" o "consejos" de lo que deberíamos hacer o no hacer con nuestros hijos. Por un lado existen muchas ventajas de conocer diferentes perspectivas, filosofías y posturas. Nos ayuda a ampliar nuestro marco de referencia y a mejorar día con día nuestra labor como padres. Pero por el otro lado, también corremos el riesgo de volver a "escolarizarnos". Con esto me refiero a que de nuevo estemos buscando quién venga a resolvernos la vida y a decirnos con exactitud el ABC de lo que debemos hacer para educar a nuestros hijos, en vez de escuchar nuestra propia intuición.

Cuando escuchamos la opinión de alguien más, debemos estar abiertos para considerar otros aspectos que no habíamos considerado, pero también debemos mantener una mente crítica en el sentido de ser muy cautelosos para analizar todo y adoptar solamente lo que nos beneficie a nosotros y a nuestra familia. Ni los científicos ni los expertos reconocidos pueden saber lo que tu hijo necesita mejor que tú. Es por eso que tú eres su papá o su mamá. Nosotros contamos con la mejor "capacitación" para saber qué hacer en cada momento: nuestra intuición de padres. Ella debe ser nuestra guía.

Cuando no hemos aprendido a guiarnos por nuestra intuición, vamos a sentirnos inseguros cada vez que escuchemos una nueva filosofía o corriente. A medida que vamos conociendo más de sus argumentos o posturas, poco a poco comenzamos a sentirnos obligados a cumplir con todas las prácticas de la filosofía, al punto de sentirnos culpables si no los seguimos al pie de la letra. Por ejemplo, si yo me siento atraída a los argumentos de la crianza con apego (*attachment parenting*), puede ser que llegue el momento en el que si no sigo amamantando a mi bebé de tres años, o si no practico el *colecho*, o si no puedo dejar de trabajar para quedarme con él y tengo la necesidad de llevarlo a la guardería, o si no puedo seguirle dando pecho y le doy biberón, sienta que estoy "mal" o que soy una "mala madre", ya que los partidarios de esta corriente hablan de todas esas prácticas como parte de una crianza respetuosa.

Es este concepto de institucionalización o escolarización el que más daño le ha causado a la humanidad a lo largo de la historia: el creer que existe un "alguien" que posee la verdad absoluta y por lo tanto, el poder para imponerles a los demás sus propias ideas. Muchas veces, este concepto no nace de quienes comparten sus ideas, ya que no lo hacen con la intención de imponérselas a los demás – aunque a veces sí. Más bien, los seguidores son quienes tienen una mentalidad dependiente, ansiosa por que les digan qué hacer y cómo, y ellos mismos se esclavizan. Lo sano sería que yo tuviera la libertad de conocer la corriente a profundidad, y después, adoptara las prácticas que mejor se adapten a mi propia filosofía, a mis necesidades y a las necesidades de mi bebé, sin sentir esa presión explícita o tácita, de tener que seguir todas las prácticas, o de tener que quedar bien con alguien. Nadie puede decirte cómo educar a tus hijos.

El objetivo de conocer las ideas de otros es enriquecernos, no limitarnos. Se trata de ser conscientes de nuestra responsabilidad y no de vivir dependiendo de las ideas de otro. En este sentido, yo no quisiera "ondear" ninguna bandera en particular. No me identifico con ninguna religión ni con ningún partido político, ni como atea, ni con los anti escuela ni con los pro escuela. Precisamente eso es lo que el concepto supraescolar pretende ofrecer: una perspectiva que no está limitada por ninguna otra. Una perspectiva que promueve la responsabilidad de cada individuo sobre sus propios actos. Lo último que yo quisiera que sucediera con este libro es que se tomara como una guía, como un "manual" que debe seguirse al pie de la letra. Lo que comparto aquí es una perspectiva que he ido descubriendo con el paso del tiempo y de la experiencia, pero de ninguna manera quiero que alguien tome mis palabras como ley o mandamiento. Cada papá debe asumir su propia responsabilidad y usar su propia intuición como la máxima guía. Quizá mis palabras ayuden a ampliar el marco de referencia, pero jamás es mi deseo trazar ningún camino para nadie. Cada uno es el arquitecto de su propio destino.

5. Define tu estilo y sé congruente con él

Al conocer todos estos nuevos conceptos de libertad, autonomía y aprendizaje dirigido por el interés, todo suena muy bien, pero cuando se trata de traerlo a la vida cotidiana, práctica y diaria, surgen todas las incógnitas. El mismo John Holt se enfrentó a esto cuando los maestros trataban de llevar toda su teoría a los salones, a la práctica diaria. Entonces lo llenaban de preguntas: ¿debemos dejar que los niños usen el material como quieran?, ¿y qué hay del orden o del desorden?, ¿qué tanto los dejamos decidir a ellos?, ¿llegaremos al caos?

En su libro "Freedom and Beyond" (Libertad y más allá), Holt dedica un capítulo completo a explicar que él ve este tipo de cuestionamientos como "tensiones", ya que no son problemas ni conflictos que claramente puedan identificarse como correctos o incorrectos, sino que ambas situaciones podrían ser correctas o incorrectas, pero es difícil decidir qué hacer. Como mamás que ahora estamos conociendo toda esta nueva información y que tenemos a nuestros hijos todo el día con nosotras, muchas veces nos encontramos con muchas de estas tensiones que no sabemos cómo resolver: ¿Hasta dónde lo dejo decidir?, ¿cómo lo llevo conmigo todo el tiempo si hay tanto trabajo doméstico por hacer?, ¿qué hago si noto que está aburrido en la casa?, ¿y si no está interesado en realizar las actividades que preparo para él?, ¿está bien forzarlo un poco para que haga cierta actividad?, ¿debo dejar que él elija en todos los aspectos de la vida?, ¿qué hago si cada uno de mis hijos quiere hacer algo diferente?

Sé congruente con tu propio sistema de valores

La conclusión a la que yo he llegado es que todos esos pequeños detalles particulares no pueden tratarse como reglas generales, sino como preferencias muy personales de cada papá y de cada familia. La clave es mantener la congruencia en lo que cada familia haya decidido como lo correcto y actuar conforme a ello. El origen de muchos conflictos e inseguridades radica en la falta de congruencia y en la ausencia de reglas claras.

Holt dijo:

"La diferencia entre una sociedad libre y una tiranía es que en una sociedad libre sabes cuáles son los límites, pero en una tiranía, nunca puedes estar seguro."

Los niños desean pertenecer a una sociedad, y naturalmente buscan las reglas explícitas o implícitas de esa sociedad porque quieren seguirlas y sentirse parte de ella. Mientras más sencillo les hagamos ese trabajo, más fácilmente se asirán a ellas. Pero si como papás continuamente tenemos dudas en nuestro corazón, o si después de pedirles que hagan algo tenemos sentimientos de culpa, o si nuestras demandas son diferentes en cada ocasión, entonces estaremos atentando contra nuestra credibilidad, lo que genera enojo y rebeldía en los niños.

Hace como tres años estuve leyendo muchos libros sobre disciplina y crianza. Algunos eran demasiado liberales mientras que otros eran demasiado tradicionales. Llegué a sentirme muy frustrada porque ningún libro llenaba por completo mis expectativas y no encontraba el "libro perfecto" que me dijera exactamente lo que yo quería saber. Hasta que un día mi marido me dijo: "¡deja de leer libros y leete tú!". Poco a poco fui convenciéndome de que tenía razón y de que nadie puede decirme cómo educar a MIS propios hijos; eso solamente me lo puede decir mi intuición de mamá.

Siéntate junto con tu pareja y decidan cuáles son los lineamientos generales y específicos de su familia. Esos lineamientos deben ser motivados por sus propias convicciones como papás, de lo que creen que es más conveniente para sus hijos, y de sus propias preferencias también. Es importante pensar en las causas de irritación y frustración y cómo se puede llegar a un acuerdo en el que todos estén contentos y en armonía. Y después de eso, también es muy importante que los dos papás estén convencidos de que las normas que han elegido son correctas y dignas de seguirse, porque de esta manera no habrá dudas y será mucho más fácil actuar con asertividad.

Sé asertivo

El diccionario define la palabra *asertivo* como *afirmativo*. Algunas publicaciones en la red, la definen así:

"La palabra asertivo, de aserto, proviene del latín assertus y quiere decir "afirmación de la certeza de una cosa", de ahí se puede deducir que una persona asertiva es aquella que afirma con certeza. La asertividad es una conducta de las personas, un comportamiento. Es, también, una forma de expresión consciente, congruente, clara, directa y equilibrada, cuya finalidad es comunicar nuestras ideas y sentimientos o defender nuestros legítimos derechos sin la intención de herir o perjudicar, actuando desde un estado interior de autoconfianza, en lugar de la emocionalidad limitante típica de la ansiedad, la culpa o la rabia".

Como padres que estamos a cargo de niños pequeños todo el día, es muy importante mostrar esta actitud asertiva. Si bien los niños tienen un deseo de pertenecer a su sociedad y de seguir las reglas explícitas o implícitas, también es muy fácil que debido a nuestra incertidumbre y miedo a "maltratarlos" o "lastimarlos", lleguemos al extremo de proveer un liderazgo laxo, e incluso ausente, que puede ser mucho más dañino para nuestros hijos. Los niños desean saber que pueden confiar en nosotros, y para ello, necesitan probar qué tan firmes y estables somos. No podemos estar cambiando de opinión cada vez que nos hacen un berrinche, o cada vez que se nos apachurra el corazón por ver que no tienen lo que quieren. Eso no les sirve de nada y de hecho, les afecta. Necesitamos proveerles un liderazgo que entienda su dolor, pero que les ayude a sobreponerse ante las circunstancias e incluso, a sacar provecho de ellas. No un liderazgo que hace hasta lo imposible por cambiar las circunstancias con tal de ver al niño feliz. Esa es una actitud egoísta que sólo piensa en el bienestar propio – "no puedo soportar verlo tan triste", "me parte el corazón" – ¿Y qué hay de las consecuencias futuras?, ¿qué hará cuando se encuentre con los verdaderos problemas de la vida y tú no estés para solucionarle la vida?

Necesitamos enseñarle a atravesar por las adversidades, no quitándolas del paso, sino diciéndole por dónde puede pisar y cómo, para que en vez de afectarle, le sean un beneficio. Por lo tanto, creo que es de vital importancia que como padres, nos tomemos el tiempo de crear nuestro propio sistema de valores que abarque todas las áreas en las que tenemos que tomar decisiones diariamente. De esta forma podremos ser congruentes manteniéndonos asertivos todo el tiempo y brindándoles a nuestros hijos la estabilidad que necesitan.

Después de todo lo dicho, quizá te des cuenta de que has dejado pasar mucho tiempo sin valorar tu función. Tal vez te estés dando cuenta de que sea necesario hacer cambios radicales. Quizá sea un gran cambio el que se necesite y mucho esfuerzo, pero armarte de valor y realizarlos es parte de ser responsable.

Por experiencia propia puedo asegurarte que cualquier decisión que tomes hoy para invertir tu vida de lleno en tus hijos, tendrá su recompensa. Nunca es demasiado tarde.

"El hogar es el primer lugar y el más eficiente para aprender las lecciones de la vida: honor, virtud, dominio propio, el valor de la educación, el trabajo honesto y el propósito y el privilegio de la vida. Nada puede tomar el lugar de un hogar en criar y enseñar a los niños, y ningún otro éxito en la vida puede compensar el fracaso en el hogar."
~ David O. McKay

Sección 3

Cimentando una estructura interna

aprendizajeSUPRAescolar

Capítulo 5
Define un objetivo
para la educación de tus hijos

"Lo único peor que ser ciego es tener vista pero no tener visión."

~ Helen Keller

1. Riesgos de navegar sin un rumbo definido

Cuando conocemos historias inspiradoras de familias que educan en casa y cuyos niños son sociables, autodidactas, que logran entrar a una universidad prestigiosa con notas sobresalientes, o que ahora tienen sus propias empresas, y que son adultos perfectamente adaptados, nos sentimos motivados a optar por esta alternativa. Los resultados son muy atractivos y queremos lo mismo para nuestros hijos. Sin embargo, es muy importante que consideremos que el hecho de no enviar a nuestros hijos a la escuela, junto con los resultados positivos que podamos obtener de ello, son solamente la punta del iceberg. Es el aspecto visible, pero debajo hay una gran estructura invisible que es lo que sostiene la punta, y es el hecho de tener un objetivo más grande que las acciones mismas: asumir la responsabilidad de la educación de tus hijos.

A lo largo de los años he visto cómo muchas familias que retiraron a sus hijos de la escuela con grandes expectativas para el futuro, perdieron ese entusiasmo al enfrentarse con los retos naturales de cambiar de estilo de vida. Mamás hartas del caos diario, papás que no se involucran porque no pueden ponerse de acuerdo o no comparten las mismas ideas, dudas que les asaltan y paralizan a cada paso: ¿qué material uso?, ¿hasta dónde lo obligo?, ¿cuánta libertad le doy?, ¿cómo me organizo?, ¿cómo mantenemos la casa limpia?, ¿y qué hago si el niño me está pidiendo ir a la escuela?... Vi niños ser ubicados uno o dos años escolares más abajo porque cuando sus padres decidieron escolarizarlos otra vez, no tenían el nivel suficiente para estar en el grado que les correspondía. Niños que tuvieron que soportar miradas y preguntas inquisitorias por parte de maestros y compañeros, y cuyas relaciones familiares y sociales se vieron más afectadas que al principio. Muchos de esos padres estaban deseosos de un cambio en sus vidas, pero no lograron ver más allá de ese deseo para transformarlo en un objetivo que les diera estabilidad y permanencia; creyeron haber encontrado *la solución* a sus problemas en la alternativa de educar sin escuela, y cuando las circunstancias no fueron tan favorables como ellos esperaban, abandonaron todos sus anhelos para buscar una *mejor* solución.

Antes de tomar cualquier decisión, es necesario tomar en cuenta algunas consideraciones:

Educar sin escuela no es más que una herramienta

Imagínate que compras un artefacto para la cocina (una olla de cocimiento lento, por ejemplo) y por el hecho de tenerla allí crees que ya vas a tener comida en la mesa todos los días. Sí existe esa posibilidad, pero la olla en sí misma no es la solución. Tú debes tener en mente qué quieres cocinar con ella, y luego entender cómo se usa, y luego ¡usarla! para ver resultados.

Educar sin escuela no es la solución que va a resolver todos tus problemas. Educar sin escuela es solamente una herramienta que puede funcionar en las manos de un papá que tiene una visión, un objetivo a lograr y entonces decide que ésta es la mejor vía para lograrlo. No podemos esperar que por la simple razón de ya no llevar a los niños a la escuela todo se va a solucionar, o poner una fecha límite para ver resultados y mientras tanto, cruzarnos de brazos esperando que lleguen, y si no funciona, ir a buscar *otra solución*. La solución a tus problemas está dentro de ti.

Educar en casa no significa traerte la escuela a la casa.

Una vez que hemos decidido que los niños no irán otra vez a la escuela, la pregunta natural que viene a continuación es: ¿y qué plan de estudios vamos a seguir ahora? Si observamos con detenimiento, esta duda surge desde una perspectiva escolarizada: "si dejo de depender de un sistema, ¿de quién dependeré ahora?" ¿Recuerdas el concepto de *escolarización* del que hablamos anteriormente? Ese concepto que me hace creer que si alguien no viene y me ayuda, yo no puedo hacer nada.

No hay nada de malo en utilizar un plan de estudios; muchos lo hacemos. La diferencia radica en tomar el control. Cuando tú tienes un objetivo, tienes la claridad para decidir en cada momento cuáles son las mejores herramientas que te permitirán alcanzarlo; a diferencia de escoger un sistema para seguirlo, o de estar angustiado por ir al mismo ritmo del sistema escolarizado u obtener las certificaciones correspondientes para "ir bien" con el sistema. En un escenario eres seguidor; en otro, tú eres el guía.

Proteger a tus hijos no significa enseñarlos a vivir en contra de todo.

Muchos de nosotros, como padres, buscamos proteger a nuestros hijos de influencias nocivas o experiencias negativas, por lo que consideramos que no enviarlos a la escuela es la vía para lograrlo. Sin embargo, protegerlos no significa vivir criticando a la escuela y al sistema, o bajo una mentalidad que levanta el puño en contra de todo. Una persona con una actitud respetuosa, que coopera proponiendo ideas creativas puede tener mucha más influencia que aquélla con una actitud rebelde, que solamente busca expresar su inconformidad, sin el interés de cooperar.

Si estamos asumiendo la responsabilidad de la educación de nuestros hijos, debemos considerarlo no solamente como un beneficio personal, sino colectivo. Nuestras sociedades se verán afectadas o beneficiadas por el tipo de ciudadanos que nosotros aportemos; y si bien no queremos aportar gente sin criterio ni opinión propia que se conforma con seguir las instrucciones de un sistema para hacer que éste permanezca, tampoco queremos formar gente altanera que no es capaz de aportar sus talentos a la sociedad ni influir en ella para que se dé un cambio, debido a su rebeldía y falta de cooperación. Estamos educando para producir gente que salga y pueda influir en la sociedad de manera eficaz, y para ello, debemos darles herramientas de socialización y de liderazgo que les abran puertas y les permitan aportar sus talentos y beneficiar a muchos, no solamente a sí mismos.

Educar sin escuela no es estar a la última moda.

Cuando nació mi primer bebé, todo lo relacionado con la maternidad y crianza era nuevo para mí. En el curso de preparación para el parto que tomé, me invitaron a unas sesiones de estimulación temprana. Yo nunca había escuchado acerca de eso y entonces comencé a investigar más. A medida que leía y me enteraba de todos los "beneficios" disponibles para mi bebé, comencé a entrar en una especie de pánico por no poder obtener el mayor número de productos y cursos para asegurarme de que mi bebé estuviera obteniendo lo mejor... hasta que descubrí que mucho de todo eso no era más que mercadotecnia, y que mi bebé podía recibir suficientes estímulos dentro de un ambiente natural – y sin gastar una fortuna.

A lo que voy con esto es que con el deseo de darle lo mejor a nuestro hijo podemos caer en las trampas de la moda y la mercadotecnia y entrar en ese pánico de querer "ir a la vanguardia" para asegurarnos de estar proporcionando la mejor crianza, sin meditar en lo que hacemos. Aunque "hacer *homeschooling*" pudiera parecer muy "cool" o ponerse de moda durante ciertas épocas o dentro de ciertos círculos sociales, si verdaderamente quieres asumir la responsabilidad de la educación de tus hijos, no puedes tomar decisiones con base en modas o en la opinión de quienes te rodean. Necesitas tener un objetivo en mente acerca de lo que quieres para tus hijos y después, decidir cuáles herramientas son las que mejor te ayudarán a lograrlo.

Cambiar de estilo de vida no es la solución a tus problemas económicos.

Existe un debate sobre el costo de educar sin escuela. Unos dicen que es más barato, y otros dicen que es más caro. Yo creo que si tú tienes bien claro cuál es el estilo de vida que quieres llevar, entonces tomas las decisiones que sean necesarias, e incluso te sacrificas en donde sea necesario, con tal de hacer posible ese estilo de vida que deseas vivir. Por otro lado, si en este momento te estás viendo limitado económicamente y debido a eso estás considerando la alternativa de educar sin escuela, yo te invito a que medites bien en tus objetivos a largo plazo, en lo que quieres lograr en la vida de tus hijos. Puedes plantearte algunas preguntas como éstas para descubrir tus verdaderas motivaciones: Si tuvieras el dinero suficiente, ¿en qué lo usarías?, ¿seguirías enviando a tu hijo a la escuela?, ¿lo emplearías en conseguir materiales o cursos extraescolares?

Cambiar de estilo de vida debido a que "no queda de otra", puede ser muy frustrante. Implica que vivas con un sentimiento continuo de anhelar "algo más", lo que puede limitar el entusiasmo y la creatividad para utilizar al máximo los recursos del momento.

Tú estableces el marco de referencia, no la escuela.

A muchos de nosotros, cuando recién dejamos el sistema convencional atrás, lo primero que se nos ocurre es buscar cómo superar a la escuela con lo que hacemos en casa: si en la escuela les enseñan a sumar, nosotros les enseñamos a restar también; si allá les enseñan dos idiomas, nosotros les enseñamos tres; si mi hijo debería terminar la secundaria a los 15 años, hacemos que la termine a los 12; es decir, enfocamos todos nuestros esfuerzos en ser mejores que la escuela. Sin embargo, con este enfoque seguimos limitados por el mismo sistema, ya que – sin darnos cuenta, quizá – lo convertimos en nuestro marco de referencia.

La única manera de liberarte de la culpabilidad de no estar "haciendo lo suficiente", y de liberar a tus hijos de esas cargas pesadas, es ajustando tu marco de referencia al niño y su desarrollo, a tu relación con él y a los objetivos de tu proyecto de vida, sin estar afanados por lo que haga o deje de hacer la escuela. No puedes vivir esclavizado al sistema, rigiendo tu vida y tus decisiones de acuerdo a él. Desescolarizar tu mente significa redefinir tu marco de referencia.

2. Define objetivos claros para la educación de tus hijos

Si tú tienes el deseo de educar en casa, seguramente se debe a que anhelas beneficios para tus hijos, para tu relación con ellos, para tu familia; pero es necesario que veas más allá de esos anhelos y definas un objetivo específico, que es lo que te brindará estabilidad en medio de cualquier circunstancia, y te proporcionará la orientación cuando sea momento de tomar decisiones importantes.

Primero debes saber qué quieres

Cuando vas a comprar zapatos necesitas definir qué tipo de zapato quieres antes de salir a buscarlos. Cuando no sabes si lo que tú quieres son sandalias para el calor o botas para el frío o tenis para hacer deporte, te la pasarás dando vueltas por el centro comercial sin saber qué elegir, pues cualquier zapato parece ser una buena opción, pero no existe ninguna referencia para saberlo. Cuando tienes claro lo que quieres, también tienes la capacidad para evaluar todos los elementos antes de tomar decisiones asertivamente.

En el caso de la educación de tus hijos, un paso esencial antes de elegir si deseas enviarlos a la escuela o dejarlos en la casa, es definir qué quieres para su educación. Y para eso, puedes comenzar haciendo una lluvia de ideas de todos tus anhelos. Después, transforma tus anhelos en objetivos claros. Esos objetivos te brindarán estabilidad en medio de cualquier circunstancia, y te proporcionarán la orientación cuando sea momento de tomar decisiones importantes. Por ejemplo, si en tu lista tienes un anhelo como: "quiero que no se intimiden con las críticas de otros", podrías convertirlo en un objetivo específico redactándolo así: "Formar una identidad sólida en ellos". O "que tengan éxito en la vida", podría convertirse en: "ayudarles a definir para qué están aquí y a concebir un proyecto, un plan de vida".

Elige las herramientas más adecuadas para lograr tus objetivos

No tener los utensilios adecuados al realizar un proyecto, por lo general nos quita tiempo o incluso, puede echar a perder el proyecto. En el caso de la educación de nuestros hijos, existen muchas herramientas que pueden ayudarnos a lograr nuestros objetivos y es tu responsabilidad como papá examinar cada una de ellas y elegir las más adecuadas. En este caso, estamos analizando la opción de educar sin escuela, que, como podrás ver, no es más que una herramienta que puede ser muy benéfica en las manos de un papá genuinamente interesado y dispuesto a invertirse en la vida de sus hijos, pero no lo es todo en sí misma. Tú debes tener claro lo que quieres hacer con ella.

Ya que cada familia es única, esta opción representa ventajas y desventajas muy diferentes para cada familia. Por lo tanto, tómate el tiempo de analizar cuidadosamente cuáles son las ventajas y desventajas que representaría para ti y para tu familia, y si esta herramienta realmente te llevará a lograr tus objetivos o si puedes encontrar una mejor.

Considera el esfuerzo que tendrás que invertir y sé valiente

Ninguna familia comienza teniendo todas las respuestas claras, y muchas veces no tendrás mucha claridad en los "cómos" específicos; pero dedicar tus energías a estar buscando con afán las instrucciones específicas de lo que tienes que hacer día con día es desgastante y a la larga, va a terminar con todo el entusiasmo inicial. Sin embargo, sí es importante sentarte a calcular todas las demandas, el esfuerzo y por qué no, los sacrificios que esta decisión te requerirá, y si estás dispuesto a transformar tu estilo de vida. Cuando no estás bien seguro de dar este paso, es mejor dejar que la idea repose y vuelva a despertar cuando sea el tiempo indicado.

Pero si por el contrario, ya comprobaste que esto es lo que te va a llevar a lograr tus objetivos, entonces no te atemorices por el reto que ves delante de ti; sé valiente y toma la decisión. Ten presente tu meta final y recuérdala día con día, paso a paso. Lo único que puede darte firmeza y seguridad aun en los días difíciles, es el recordar tus metas y los motivos básicos por los que estás realizando todo este esfuerzo.

3. Trabaja en el cimiento antes de ir a comprar los libros

Mi papá es arquitecto. Él me ha platicado que en una obra, la fase de cimentación puede llevarse hasta un 40% de la inversión total de dinero, tiempo y esfuerzo. Además de que no se ve, pues todo queda "enterrado". Los clientes a veces se desesperan y hasta creen que su dinero está siendo desviado, ya que ningún avance es notorio más que el gasto. Mi papá les decía: "Estamos en la etapa en que estoy enterrando tu dinero, literalmente". Una vez que la cimentación está lista y comienzan a edificar sobre la superficie, el avance es muy rápido y visible, pero si no se tomaron el tiempo para cavar y enterrar bien los recursos al principio, ¡lo que sí se ve puede caerse!

Como mencionaba más atrás, el hecho de no enviar a nuestros hijos a la escuela, junto con los resultados positivos que podamos obtener de ello, son solamente la punta que podemos ver. Debajo debe haber una gran estructura invisible que sostenga todo lo que está encima, lo visible. A lo largo de mi experiencia como hija de unos padres cuyo anhelo siempre fue el de fortalecer su estructura familiar, y como madre ahora cuyo anhelo principal es el mismo, puedo identificar dos pilares esenciales que deben sostener esa estructura: la conexión y la identidad.

Cuando existe una fuerte conexión primeramente en pareja, entre padres e hijos y finalmente, entre hermanos también, esa familia es prácticamente indestructible. Esa base sólida les permite avanzar y atravesar por crisis fuertes sin que sus lazos se debiliten, sino más bien, haciéndose cada vez más fuertes. La conexión es la base de cualquier cosa que quieras construir encima. Sin conexión no tienes nada; con conexión lo tienes todo. Y por otro lado, una identidad bien definida es lo que le da sentido a la vida de una persona. Conocer el sentido de tu vida es lo que te permite saber hacia dónde vas, sin perderte en el camino.

En los siguientes dos capítulos hablaré con más detalle de estos dos pilares fundamentales: la conexión y la identidad. Pero para terminar con este capítulo, me gustaría platicarte un poco de mi experiencia familiar, de aquella época cuando mis papás recién decidieron sacarnos de la escuela. Viendo hacia atrás, creo que no teníamos mucha claridad en cuanto a cómo llevaríamos el día a día, pero lo que sí teníamos muy claro era que queríamos asumir nuestra responsabilidad en cada área de nuestra vida. La prioridad de mis padres no se orientó hacia la búsqueda de materiales académicos, sino a crear las estructuras internas que nos permitirían tener éxito después. Esa época fue un parte aguas en mi vida, y en cada acción que ellos tomaron, puedo identificar cómo es que su enfoque siempre fue el de fortalecer su conexión con nosotras y ayudarnos a encontrar el sentido de nuestra vida:

Fortalecimos nuestros canales de comunicación.

Nos dimos cuenta de que teníamos muchos conflictos sin resolver. Había resentimientos desde la infancia que nos hacían tener enemistad entre nosotras, les guardábamos secretos a mis papás, nos costaba trabajo llevarnos bien como familia, éramos rebeldes, y en general, no teníamos una buena comunicación ni armonía en nuestra dinámica familiar. A los dieciocho años me di cuenta de que mis padres y mis hermanas eran unos completos desconocidos para mí, a pesar de vivir bajo el mismo techo.

Esos primeros meses en casa fueron dedicados a sanar todos esos conflictos y a establecer los fundamentos que nos permitirían abrir los canales de comunicación para poder vivir y trabajar complementándonos unos a otros. No fue fácil, y mi papá fue quien inició el proceso poniéndonos el ejemplo. Él se sentó un día y nos habló de todos los errores que había cometido y de cómo le dolía que nuestra familia se encontrara en esa situación. Nos fue preguntando una por una si teníamos algún resentimiento en contra de él y fue escribiendo todo sin decir nada. Luego nos pidió perdón sinceramente por cada ofensa y nos dijo que quería que todo cambiara. Esa actitud causó un impacto tan fuerte en nuestros corazones, que fue imposible no seguir su ejemplo. Nosotras también comenzamos a hacer lo mismo entre nosotras. Nos pedíamos perdón por resentimientos pasados y nos esforzábamos por abrir nuestros corazones, escuchar la otra parte, entender su perspectiva y cambiar nuestras actitudes.

Fue un proceso largo, de meses o años, en el que nuestros lazos familiares se unieron tanto, que hasta la fecha son irrompibles. Mis papás construyeron una atmósfera de confianza total en la que nosotras nos sentíamos seguras de platicarles cualquier secreto, cualquier inquietud, cualquier culpa; sabíamos que recibiríamos toda su atención y su amor incondicional, les contáramos lo que fuera. Mis hermanas y yo hicimos un acuerdo de lealtad en el que prometimos que siempre nos respaldaríamos, que nunca nos avergonzaríamos o humillaríamos enfrente de otras personas, y que uniríamos nuestras capacidades para complementarnos siempre y ser un equipo. Y hasta la fecha, aún sigue siendo así.

Tomamos nuestra responsabilidad en todas las áreas.

A la edad de dieciocho años también descubrí que no sabía lavar un trapeador ni qué comprar para la despensa de una semana ni lavar un baño. Una de las primeras acciones que mi mamá tomó cuando recién estuvimos en casa todo el día, fue despedir a la muchacha que nos ayudaba con el aseo de la casa. Ahora había muchas manos que podían encargarse de ello, y le agradezco mucho que lo hiciera así, porque aunque al principio no estaba muy contenta que digamos, aprendí muchas destrezas que hoy me son muy útiles.

Entendimos que el espacio en el que vivimos es responsabilidad de todos, y llegamos al punto en que no fue necesario colgar gráficas con las labores que le "tocaban" a cada una, porque teníamos una actitud dispuesta a colaborar en lo que fuera necesario aunque no nos "tocara". Cuando comenzamos a trabajar también le dábamos a mi mamá una buena parte de nuestro salario, sin que ellos nos lo hubieran impuesto nunca.

Concebimos una visión para nuestra vida.

Unos meses después de haber dejado la escuela atrás, recuerdo que mi papá nos llamó a la mesa y nos hizo algunas preguntas, como qué nos gustaría lograr a largo y mediano plazo, o cómo nos visualizábamos en unos años, o cuáles creíamos que eran nuestras habilidades más fuertes. Él nos compartió su propia percepción de cómo nos veía, qué habilidades creía que podíamos desarrollar y cómo nos imaginaba en unos años. Su perspectiva fue muy inspiradora para mí. Me llenó de seguridad y me dio la energía necesaria para aferrarme a mis sueños y esforzarme para alcanzarlos.

Luego nos pidió que escribiéramos todo eso que estábamos platicando y que nos pusiéramos algunas metas de ese momento a diez años. Nos dijo que fuéramos escribiendo los pasos específicos que necesitábamos dar para poder ver esas metas realizadas. Recuerdo que escribí acciones muy específicas como: "comprar tal libro", "llamarle a tal persona", "meter una solicitud de trabajo en tal lugar", "tomar tal curso". Mi papá leyó cuidadosamente nuestras hojas y dijo que se sentía muy feliz y sorprendido de ver nuestras ambiciones. Luego nos ayudó día con día a ir cumpliendo muchas de esas metas.

Mi plan terminaba para el 2007, donde mi visión ya no alcanzaba a ver más. Recuerdo que puse muchos signos de interrogación y palabras como ¿casarme?, ¿tener bebés?... todavía ni siquiera había prospectos para casarme, pero yo ya intuía que para esas fechas estaría haciendo algo muy relacionado con nutrir a una familia. Y sí, en 2004 me casé, y en 2006 tuve a mi primer bebé. Es curioso que aunque no guardo esa hoja, tengo muy grabado en la mente mucho de lo que escribí allí. Una de mis metas, por ejemplo, era proponer una teoría educativa. En ese entonces no tenía ni idea de cómo ni cuándo lo haría, pero hoy me encuentro escribiendo este libro, que se asemeja mucho a mi sueño de hace quince años.

Detenernos un momento para concebir una visión para nuestra vida es como "instalarnos una brújula" en el interior. Tal vez no vayamos por la vida "palomeando pendientes" de nuestra lista, pero tener una perspectiva integral de nosotros mismos sí nos orienta a tomar las decisiones adecuadas en cada circunstancia.

Aprendimos a hacer buen uso del tiempo.

Una vez que tuvimos una visión en el horizonte, teníamos suficiente motivación para levantarnos cada mañana y esforzarnos para avanzar más en el cumplimiento de nuestras metas. Recuerdo que uno de los primeros ejercicios que también hicimos fue el de llevar un registro minucioso de cómo empleábamos nuestro tiempo. En una hoja hicimos un horario y fuimos escribiendo todo lo que hacíamos en períodos de quince minutos. Al final del día fue muy impresionante darnos cuenta de la cantidad de tiempo que se nos escurría de las manos "acostadas en la cama", o "escogiendo qué ropa ponernos".

Este impacto nos motivó a ser conscientes de nuestro tiempo y a optimizar su uso. Todas nos acostumbramos a tener siempre un horario pegado en la puerta de nuestro cuarto, que nos ayudaba a saber de qué manera queríamos emplear el valioso tiempo que teníamos cada día. Esos años fueron bastante productivos. Nos levantábamos antes de las seis de la mañana, teníamos una junta familiar, y luego comenzábamos nuestras actividades. Durante esos años estudié solfeo, guitarra, inglés, diseño gráfico, gramática española, gramática griega, computación, cocina, costura, técnicas de enseñanza, historia, edición de video, y muchas otras áreas, por mi propia cuenta. También trabajamos durante un tiempo como maestras de niños y maestras de los maestros de niños. Creamos un curso de entrenamiento para maestros y lo estuvimos impartiendo en varias ciudades. Luego iniciamos una empresa familiar que producía videos de crecimiento personal para implementar en las empresas, y nosotras estábamos encargadas de toda la producción – guiones, materiales de apoyo, videos, etcétera. Casi no me acuerdo de sentirme aburrida u ociosa esos días. Más bien me sentía llena de energía, como si un motor por dentro me impulsara a avanzar sin parar.

Descubrimos cómo aprender y cómo encontrar recursos por nuestra propia cuenta.

En ese entonces no teníamos acceso a tantos recursos como ahora, pero aun así, no nos limitábamos a lo que "alguien más" pudiera darnos, sino que nosotros echábamos mano de todo lo que teníamos a nuestro alcance. Usábamos los libros que teníamos en casa y también le pedíamos algunos al abuelo cuando era necesario o íbamos a la biblioteca. A veces consultábamos amigos profesionistas, o a veces mi papá les pidió a algunos maestros que vinieran a la casa y nos dieran clases particulares. A veces pagamos cursos fuera de casa, y a veces también fuimos a trabajar a diferentes lugares más que por el dinero, por el beneficio de aprender la actividad.

En ese tiempo, todos hicimos un viaje a Honduras y estuvimos allá por seis meses. Fuimos junto con una organización para ayudar en el desastre causado por el huracán Mitch de 1998. Los demás jóvenes que iban con nosotros eran norteamericanos y no hablaban español, pero estando en un país de habla hispana y teniendo la necesidad de comunicarse, muchos de ellos comenzaron a aprender español por su propia cuenta. Luego venían con nosotras y nos preguntaban por qué se decía tal o cual cosa, y tratando de darles alguna explicación, me di cuenta de que me encantaba mi idioma y entenderlo a fondo. En un viaje que mi papá hizo aquí a México, le encargué que me llevara un libro de gramática española de 1944 que perteneció a mi abuelo y que yo tenía guardado. Pasé semanas leyendo ese libro, descubriendo reglas gramaticales y haciendo notas. Cuando regresamos de ese viaje, añadí a mis metas "ser maestra de español para extranjeros", y luego escribí también los pasos que debía dar para alcanzar mi meta. Conseguí más libros de gramática y seguí estudiando por mi cuenta. Luego comencé a investigar dónde podría dar clases de español a extranjeros, pero en los lugares donde pregunté me pedían un título, y yo no lo tenía. Era un poco frustrante que aunque ellos reconocían que yo tenía conocimiento del tema, no podían permitirme dar clases sin un título. Un tiempo después, encontré un diplomado de Enseñanza del Español como Lengua Extranjera en un colegio reconocido aquí en Guadalajara. Era una gran oportunidad de obtener un papel que certificara mis conocimientos, ya que no pedían ningún título para poder entrar. Después de nueve meses de clases, la directora me pidió que me integrara a su equipo de maestros para impartir las materias de Ortografía, Gramática y Metodología en la licenciatura de Idiomas de ese colegio, y en el mismo diplomado que yo acababa de tomar. Ella me decía que le gustaba mi pasión y mi conocimiento del idioma. Me quedé allí por dos años, y al mismo tiempo estuve dando clases de español para extranjeros en otra escuela en donde no me pidieron ningún título cuando les dije que era maestra de ese colegio. Dejé de dar clases cuando quedé embarazada de mi primer bebé.

Mi historia es una muy particular, en circunstancias muy particulares, que no pueden generalizarse a todas las familias. Cada familia vive sus propias circunstancias y también debe encontrar su propia ruta en el proceso de construir su proyecto de vida y hacerlo realidad. Sin embargo, sea que hayas decidido escolarizar o desescolarizar, es necesario que te detengas a meditar y que definas cuál es el rumbo que deseas tomar para la educación de tus hijos; después de eso, es necesario que te inviertas en crear las estructuras internas que te permitirán tener éxito después.

"Lo más importante y valioso del hogar como la base del desarrollo del niño en el mundo, no es que sea una mejor escuela que las escuelas, sino que no es una escuela en lo absoluto."

~ John Holt

aprendizajeSUPRAescolar

Capítulo 6
Primer pilar fundamental:
Creando una conexión sólida

"Mientras más conectados y en sintonía estén los padres con sus hijos, más podrán confiar en su propia sabiduría para saber cómo tratarlos."

~ *Pam Leo*

El primer pilar esencial que sostiene la estructura interna de nuestros hijos, es una conexión sólida con ellos.

1. Aprendiendo a conectarnos

Cuando yo era joven y no estaba casada y mucho menos era mamá, veía a los niños de mi alrededor y pensaba que las mamás tenían demasiados problemas innecesarios. Pensaba que ser mamá en realidad no tenía por qué ser tan difícil, si sólo establecieran reglas claras y las hicieran cumplir. Cuando veía a una mamá dándole explicaciones a su hijito de cinco o seis años, yo pensaba que estaba malgastando demasiado tiempo inútilmente. Todo sería mucho más fácil si se atreviera a darle tres nalgadas bien dadas y listo. El niño no tendría otra opción que hacer lo que ella decía.

Ahora que soy mamá, he llegado a entender muchas cosas que a esa edad era imposible que yo supiera. Ahora volteo para atrás y admiro la paciencia, el amor y la sabiduría de todas esas mamás que en su momento critiqué. Ahora entiendo que ser mamá no significa buscar mi propia comodidad valiéndome de mi posición de autoridad, sino que la influencia más fuerte que puedo ejercer sobre mis hijos se nutre de mi disposición para construir una relación genuina y sólida con ellos.

Los niños necesitan seguir a alguien

Los niños tienen una necesidad de ser integrados a su sociedad y, por lo tanto, necesitan tener modelos frente a ellos a quienes deseen seguir e imitar. Nosotros, sus padres, somos los más indicados para proveer ese liderazgo. Esa función de liderazgo se asemeja mucho al trabajo de pastorear ovejas; pero podemos elegir entre ser un pastor que protege, dirige, apacienta y que va delante de las ovejas atrayéndolas con su voz o ser el perro pastor que moviliza ganados ladrándoles por detrás y atemorizando a las ovejas para que avancen.

Para mí es un gran desafío lograr que mis hijos deseen hacer lo correcto por convicción propia, ya que siempre existe esa tentación de controlarlos externamente. Criar hijos que obedezcan ciegamente, siempre será más fácil: como el perro pastor, solamente hay que infundir el suficiente temor y estar presentes en el momento de la infracción para aplicar el castigo debido. Pero criar hijos que por voluntad propia decidan ser sabios y escuchar el consejo de sus padres requiere mucho más que infundir temor. Es un gran reto.

Es mejor atraer que empujar

Hacer que nuestros hijos nos sigan voluntariamente se logra aplicando una fuerza de atracción en vez de una fuerza de empuje. La diferencia está en que en la primera, tú te pones por delante y atraes; y en la segunda, te pones por detrás y empujas. Una mamá que aplica fuerza de empuje se la pasa gritándoles a sus hijos para que le hagan caso, anda detrás de ellos todo el tiempo repitiéndoles lo que tienen que hacer, los obliga por la fuerza a cumplir sus demandas, y termina el día agotada, frustrada y enojada porque después de todo su esfuerzo, los niños siguen sin querer hacer las cosas voluntariamente.

Por el contrario, una mamá que aplica fuerza de atracción es una mamá feliz, serena, que puede salir a la calle con la confianza de que cuando les llama a sus hijos, ellos vienen y atienden a su voz. Les pide que hagan las cosas una sola vez, y ellos responden con solicitud. Los niños están tranquilos y contentos, y son capaces de tomar decisiones correctas incluso cuando la mamá no está.

¿El secreto? Es muy simple. Todo radica en crear una conexión sólida con ellos.

Pam Leo, autora del libro "Connection Parenting" (Crianza basada en Conexión) explica:

"Las investigaciones demuestran que un vínculo seguro, al menos con un adulto, es vital para el desarrollo cerebral que determina el óptimo bienestar físico, psicológico, emocional y espiritual de un niño. Nuestros niños necesitan conexión humana. Un vínculo entre padre e hijo, saludable y fuerte, que se crea a través de una conexión consistente y cariñosa, es esencial para el bienestar y desarrollo óptimo de nuestros niños. Este vínculo también es la clave de nuestra efectividad como padres".

Cuando nos hemos invertido en crear una conexión profunda con nuestros hijos antes de buscar comportamiento, modales o educación, ellos se sienten atraídos a nosotros como por un imán, y anhelan seguir nuestra autoridad natural, lo que nos proporciona una base sólida sobre la cual podremos construir todo lo demás. Una conexión sólida te brinda la capacidad de atraer y fascinar naturalmente, ganarte su confianza y luego, guiar asertivamente.

Existen muchas maneras en las que podemos acercarnos a nuestros hijos diariamente, y cada relación entre una mamá y su hijo es única. A continuación te comparto las mejores y más significativas maneras en las que yo busco conectarme con mis hijos:

Escuchar con atención.

La atención para mí tiene dos caras: por un lado, yo espero que mis hijos me den su atención, pero por el otro lado, yo se la doy a ellos sin regatear. Esto significa mantener una actitud constante de verdadero interés y aprecio por ellos. Que todos mis sentidos estén presentes y no solamente mi cuerpo mientras que mi mente vaga por otros mundos.

Cuando me hablan, dejo de hacer lo que estoy haciendo, los miro a los ojos, hago preguntas inteligentes y sinceras que les demuestren que verdaderamente estoy interesada, y no me alejo hasta que estoy segura de que transmitieron su mensaje completo. Cuando yo hablo, les pido que me vean a los ojos, utilizo un lenguaje adecuado a su edad, hablo con claridad, con gestos faciales expresivos, y me aseguro de que entendieron mi mensaje completo.

El mal comportamiento en realidad es un síntoma de falta de atención. Cuando los niños interrumpen, hacen berrinches o están inquietos, está sonando la alarma de que su "tanque" de atención se está vaciando. Un niño bien atendido está tranquilo, seguro y feliz.

Mantener las vías de comunicación abiertas y ventiladas... no obstruidas.

Desde que mis hijos eran pequeños y no hablaban todavía, yo constantemente les platicaba, les narraba lo que estaba sucediendo a su alrededor, les describía lo que veían. Ahora que ya hablan bastante bien, tenemos charlas constantes, y de ellas siempre surgen preguntas, cuestionamientos, motivos por los cuales investigar y buscar respuestas. Me encanta escucharlos, responderles y hablar siempre como lo haría con cualquier adulto. Ellos se sienten considerados, tomados en cuenta e importantes, y su vocabulario crece día con día.

Es importante también, que esa plática continua no se convierta en un monólogo que obstruya las vías de comunicación. Un buen comunicador sabe cuándo hablar y también sabe cuándo callar para permitir que otros hablen. Sé muy precisa en escoger tus palabras; un solo mensaje conciso y oportuno es mucho más efectivo que largos sermones repetitivos una y otra vez.

Hacerlos mis socios

En vez de simplemente acarrear a mis hijos en todas nuestras actividades, trato de hacerlos mis socios y así, involucrarlos en todo lo que está sucediendo y que es importante para nuestra familia. Cuando vamos a salir, les explico a dónde vamos, por qué, cómo debemos comportarnos, de qué se trata la visita, a qué horas regresaremos; cuando vamos de compras, hacemos una lista de lo que necesitamos comprar, y ellos me ayudan a checarla para que no nos falte nada; cuando quiero que trabajemos en algún proyecto, trato de inspirarlos explicándoles cuál es el objetivo, juntos conseguimos los materiales y compartimos la alegría de verlo terminado; cuando tengo que terminar la comida o el aseo de la casa, les explico por qué es importante hacerlo y les pido su ayuda para poder terminar más rápido; cuando estoy platicando con otros adultos y los niños comienzan a llamar la atención, mi estrategia no es reprimirlos o amenazarlos, sino simplemente, ponerles atención: volteo a verlos, les hago comentarios, les explico lo que está pasando, los motivo para que escuchen la conversación de los adultos, les recuerdo que es importante escuchar y no interrumpir, y también preparo algunas actividades adecuadas para ellos en las que puedan estar ocupados en sus lugares, mientras que los adultos conversamos.

Si nos damos el tiempo de involucrar a nuestros niños y hacerlos sentir que son parte de lo que está sucediendo a su alrededor, que son nuestros cómplices, ellos muestran un deseo natural de cooperar. Muchas veces me han dado la solución a algún problema que yo no sabía cómo resolver. Además, es muy tranquilizador para mí tener la libertad de ir a cualquier lugar público, sabiendo que mis hijos sabrán actuar apropiadamente.

Invitarlos a acompañarme

A veces tenemos la idea de que pasar un tiempo agradable con nuestros hijos requiere de mucha planeación e incluso, dinero. En mi experiencia, las pláticas más agradables y profundas que disfruté con mi familia se dieron durante un viaje aburrido al banco o a pagar el teléfono. De hecho, hasta la fecha, cada vez que mi papá dice: "voy al banco, ¿alguien quiere acompañarme?", siento emoción de pensar en compartir un rato muy placentero platicando con él en el carro.

Pasar tiempo valioso con tus hijos no tiene por qué ser costoso. Todo depende de tu habilidad y disposición para convertir actividades aburridas y monótonas en ocasiones muy especiales.

Reforzar la identidad de clan

Toda esa dinámica de incluirlos y explicarles lo que sucede, va creando una identidad de pertenencia, de equipo, de clan. Esa plática y ese compartir continuo hace que los niños deseen mantenerse cerca y pocas veces es necesario decirles que no se alejen en un lugar público.

Tenemos en mente el concepto de que al ser un equipo, debemos protegernos y mantenernos juntos. Tomamos las decisiones en unanimidad, como cuando cada niño quiere hacer cosas diferentes, entonces hablamos y llegamos a algún acuerdo en el que todos queden contentos.

Utiliza cada momento del día y cada actividad como una oportunidad para alimentar tu relación con tus hijos, su unidad, su mundo juntos.

Explicar antes de exigir

Hace tiempo leí una ilustración que me gustó mucho: Era una familia que se mudó al campo. Enfrente de su casa pasaba un río, lo que les preocupaba a los padres, ya que tenían un pequeño niño que fácilmente podría sentirse atraído a jugar allí. El papá tomó a su hijo y lo llevó a la orilla del río. Platicaron mucho acerca de cómo se forman los ríos, de dónde viene el agua, vieron los peces y recogieron piedras. Luego lo metió sujetándolo de los brazos para que pudiera sentir el agua y la fuerza de la corriente. Le habló del peligro de acercarse demasiado explicándole que lo más seguro era mantenerse alejado, y por último le dijo que él estaría feliz de acompañarlo cada vez que quisiera volver al río, pero que no lo hiciera solo. Es fácil imaginar que ese niño nunca sintió la necesidad o la curiosidad de acercarse solo al río, y sus padres podían estar tranquilos cuando él jugaba libremente en el campo.

En contraste, podríamos imaginar a una familia vecina que se enfrentaba al mismo problema. Su manera de resolverlo fue prohibirle estrictamente al niño el acercarse al río y amenazarlo con un castigo. Como es de imaginar, los padres vivían en constante angustia imaginándose que en cualquier momento el niño podría romper la regla, y le repetían una y otra vez que por ningún motivo debía ir hacia allá. Su angustia no era en vano, pues el niño sí sentía una gran curiosidad de saber qué era aquello que causaba tanta intranquilidad a sus padres, y buscaba diligentemente la primera oportunidad en que estuvieran distraídos para ir y averiguarlo por sí mismo.

Cuando hablamos abiertamente con nuestros hijos y les explicamos los misterios del mundo que les rodea y los acompañamos a explorarlo, creamos una relación de confianza en la que ellos se sienten motivados a escucharnos y a seguir nuestras instrucciones, y en la que nosotros podemos estar seguros de que ellos tomarán las decisiones correctas.

Utilizar las explosiones emocionales para transmitir estabilidad

Todos sabemos que los niños son inmaduros y aun no cuentan con las palabras que les permitan decirnos cómo se sienten. Sin embargo, aunque todos lo sabemos, pocas veces sabemos cómo reaccionar cuando los niños pequeños lloran o hacen berrinches.

El último episodio que vi del Encantador de Perros (Dog Whisperer) me dejó muy pensativa: un pastor alemán violento y agresivo tenía atemorizados a sus dueños y a todos cuantos pasaban por su cerca. César dijo que era un perro inseguro y por eso actuaba así; entonces trajo a uno de sus perros estables para que le ayudara. César y su perro se pararon justo enfrente del pastor alemán, por fuera de la cerca y éste brincaba, ladraba, gruñía, se aventaba contra la cerca, estaba como loco. César y el perro estable sólo estaban parados, tranquilos, serenos, como si nada estuviera pasando. Después de unos minutos, el pastor alemán comienza a tranquilizarse. Baja las orejas. Baja la cola. Finalmente se echa y gime un poco. Cuando César explica la situación, dice: "mi perro es estable y percibe la inseguridad en el otro perro, pero no lo juzga; lo ayuda a estabilizarse siendo estable él".

Me quedé pensando mucho en esto: *el perro percibe la inseguridad del otro, pero no lo juzga, sino que le ayuda siendo estable él.* Me hace reflexionar mucho acerca de mí misma. ¿Cómo respondo yo ante la inseguridad o inmadurez de mis hijos? ¿Les ayudo a *estabilizarse siendo estable yo,* o *los juzgo* y *me contagio de su inestabilidad?*

Estar cerca nos permite observar y conocer al niño de tal manera que sepamos con exactitud cuáles son sus necesidades detrás de sus acciones. La mayoría de las veces que los niños "se portan mal", en realidad están expresando que hay una necesidad no suplida: sueño, hambre, cansancio, falta de atención... Si nos tomamos el tiempo y si tenemos la suficiente estabilidad en medio de una explosión emocional para ver más allá de las lágrimas, tendremos más posibilidades de ayudarles a nuestros niños a resolver sus problemas de raíz y a darles herramientas para comunicarse adecuadamente. Cuando un niño sabe que su adulto entiende cómo se siente, se encuentra mucho más dispuesto a escuchar y a recibir explicaciones.

Procurar mucho contacto físico y cercanía

Creo que está por demás decir que todos tenemos una necesidad de contacto físico; pero lo que no está por demás decir, es que los niños necesitan esa cercanía y que de ninguna forma se malcrían por abrazarlos mucho o llevarlos en un rebozo todo el tiempo o dejarlos dormir junto a nosotros. Por el contrario, ellos perciben nuestra aceptación total de su persona, lo que les ayuda a ir dándole forma a su identidad.

El contacto físico, además, fortalece nuestra conexión intensamente. Para mí, nunca son demasiados besos o demasiados abrazos cuando se trata de mis hijos; un juego de luchas o de cosquillas casi siempre se convierte en una sesión de besos y abrazos. Esto no quiere decir que fastidiemos a los niños con mimos empalagosos. Cuando ellos están concentrados en otra cosa o no tienen ganas de dar un beso o un abrazo, debemos respetarlos. Es mejor pedírselo o acercarse sigilosamente y esperar su respuesta. Y por supuesto, siempre dejar de hacer lo que estamos haciendo para responder a la caricia de una pequeña manita, o a la petición de dormir en nuestro cuarto. No sabemos cuántos años vivirán con nosotros, pero los que sean, disfrutémoslos intensamente.

En conclusión, estar dispuestos a establecer primero la relación que nos permitirá construir encima, tiene sus grandes recompensas: hijos seguros, felices, que pueden integrarse a su sociedad. Si hay conexión, todo lo demás vendrá naturalmente. La conexión se establece desde muy temprano, desde el vientre, pero puede retomarse a cualquier edad.

2. Restaurando la conexión que se ha perdido

Cuando la conexión con tus hijos está agrietada o averiada, se manifiesta de manera distinta en niños pequeños y en niños mayorcitos o adolescentes, pero la raíz es la misma: una conexión deficiente. Si ya has detectado que hay problemas, no dejes pasar más tiempo y pon manos a la obra para reparar esos daños.

Recuperando la conexión con niños pequeños.

En términos generales, es mucho más sencillo recuperar una conexión perdida con un niño pequeño, que con un niño más grande. El reto más bien radica en mantenerla día con día, ya que debido a lo demandante que es vivir con niños pequeños, existe una tendencia por nuestra parte a buscar "distractores" que nos ayuden a aligerar la carga, pero que también, en muchas ocasiones, nos hacen perder el contacto con los niños. Esa falta de atención por nuestra parte hace que su "tanquecito" se vacíe y entonces la falta de conexión comienza a hacerse evidente: hacen berrinches, se meten en problemas, pelean con otros, adoptan una conducta ruidosa y destructiva, se muestran rebeldes, etcétera.

Si entendemos que esos comportamientos son provocados por la desconexión con nosotros, el paso lógico sería buscar restablecer esa conexión. Lamentablemente, muchas veces en lugar de acercarnos a ellos y restaurar esa ruptura, nuestra reacción como papás es la de regañar, castigar o incluso aislar, con la intención de "corregir" el mal comportamiento. De esta forma, lo único que logramos es que el niño empeore y entonces creamos un círculo vicioso. Este tipo de conflictos deberían ser usados para llamar nuestra atención y buscar solucionar el problema. Cuando la conexión se ha perdido, la solución es acercarnos, no distanciarnos más.

Buscando ese acercamiento, puedes considerar algunas acciones que a mí muchas veces me dan resultado:

Identifica las necesidades que no han sido suplidas

Todos tenemos necesidades que requieren ser suplidas, pero en los niños pequeños hay una repercusión mayor cuando son descuidadas. Yo identifico tres tipos de necesidades básicas:

Físicas: Hambre, sed, sueño, enfermedad, agotamiento.

Intelectuales: Aburrimiento, ocio, sobreestimulación (demasiado tiempo en la misma actividad), obligación a aprender algo que no le interesa, estrés.

Emocionales y afectivas: No se siente escuchado, se siente rechazado, ha guardado conflictos antiguos, se ha perdido la conexión con un adulto importante en su vida.

Muchas veces resulta que el niño tiene una carencia de los tres tipos combinados, como cuando andas a la carrera con tus pendientes y se te olvida hacerle caso por un buen rato, el niño anda ocioso sin saber qué hacer, se le pasa la hora de su comida, no ha tomado agua, están en la calle en medio del tráfico y el calor haciendo las últimas compras, y de repente comienza a hacer un berrinchote porque quería que le compraras un juguete y no se lo compraste. El problema aquí no es el juguete, sino la combinación de necesidades no suplidas. En un caso así, yo abrazaría a mi hijo, le explicaría que ha sido un día difícil para él y para mí, que entiendo que está cansado, hambriento, fastidiado y le ofrecería algo rico de comer, de beber y luego tal vez le propondría que jugáramos a algo él y yo juntos.

Juega con él

Los niños tienen una necesidad especial de jugar, y nosotros como padres, podemos sacarle mucha ventaja a ello, si estamos dispuestos a poner sus necesidades como prioridad, antes de nuestras necesidades o afanes. Con un poco de atención, tiempo y dedicación de nuestra parte, podemos ganarnos su cooperación y lealtad en una tarde de juegos.

Cuando sientas que todo es un caos, deja de hacer lo que estás haciendo, siéntate en el piso, trae unos juguetes y comienza a jugar. Verás cómo tus hijos son atraídos como por un imán y se unen a tu juego. Si eres perseverante y continúas dentro del juego sin dejar que tu mente vague, podrás disfrutar de los beneficios de establecer una conexión cercana con ellos. Las pláticas más profundas y fructíferas que yo he tenido con mis hijos han tenido lugar en medio de una sesión de juego o fantasía. Si no lo has experimentado, te animo a que lo hagas. No te arrepentirás.

Salgan a dar un paseo

Para mí siempre es muy revitalizador salir de la casa y tomar aire fresco. El hecho de cambiar de ambiente y de enfocar mi atención completamente a hacer algo que a ellos les gusta, como jugar en el parque, es muy buen "reconector". También pueden salir a hacer un mandado o a visitar a alguien. Tener una "misión" hace que todos se unan y aporten sus esfuerzos para lograr una meta común, lo que fortalece mucho sus relaciones. Cualquiera que sea la salida, procura que verdaderamente cumpla el objetivo: restablecer la conexión.

Lean un libro o vean un video

Si, por el contrario, los niños están cansados de haber estado mucho tiempo fuera de casa o haciendo actividades que requerían esfuerzo físico o mental, lo mejor será buscar una actividad relajante que no requiera mucho esfuerzo pero que sí propicie la conexión entre todos. Ver un video o leer un libro juntos son actividades que les permiten a todos pensar en otras cosas, a la vez que son buenas fuentes para generar conversaciones y convivencia. Ten cuidado de no utilizar la televisión como niñera: el objetivo es estar conectados, no ajenos; y la televisión puede ser un excelente medio de acercamiento... siempre y cuando estés presente comentando, aportando, orientando.

Hagan una labor que requiera trabajar en equipo

Después de un conflicto en el que todos están cansados de su actividad y comienzan a pelear, a mí me gusta mucho cambiar totalmente la dinámica e involucrarlos a todos en un proyecto en equipo. Por ejemplo, recoger todos los juguetes de la sala, organizar los cd's en sus cajas, hacer jugo de naranja para toda la familia, regar el pasto o sacudir los libreros. Casi siempre que uso esta técnica, al principio hay muchas quejas y resistencia. No obstante, yo me mantengo tranquila pero firme y los conduzco a que juntos hagamos esa actividad y les asigno tareas específicas. Después de unos minutos, los ánimos comienzan a relajarse y no sé por qué, pero el sentirse útiles y trabajando para un mismo fin, les "llena su tanque" rápida y efectivamente. Todos comienzan a cambiar su actitud y trabajan con entusiasmo, y al final, nos quedamos con una sensación de satisfacción y bienestar y estamos listos para continuar con lo que sigue.

Tomen un refrigerio

La comida siempre tiene un efecto relajante, especialmente en los niños. Asegúrate de tener siempre refrigerios saludables entre comidas, y no te esperes a que los niños estén de mal humor para ofrecerles algo de comer. Utiliza la hora del refrigerio como una oportunidad para relajarse, para compartir, para platicar, para disfrutar. A mis hijos les encanta que hagamos "picnics" en el parque, y aunque sólo estén comiendo galletas o fruta, ellos disfrutan mucho el tiempo que pasamos juntos haciendo *algo especial*. También me gusta prepararles "botanitas ricas". Cuadritos de queso (con palillo) y rollitos de jamón, o tostadas con frijolitos y queso rallado, o palitos de zanahoria con guacamole son algunas de sus botanitas predilectas. El hecho de sentarse y comer algo rico y atractivo ofrece una nueva oportunidad para comenzar de nuevo y dejar los pleitos y los conflictos atrás.

Lo ideal es mantenernos en un estado de conexión que nos permita vivir en armonía y paz sin tener que pasar por un conflicto para volver a disfrutar de la cercanía. Sin embargo, para nosotras las mamás, hay muchos factores que pueden causarnos estrés en un día común, y perdemos la calma fácilmente. Todas podemos desconectarnos en ratos y es válido. A mí me pasa muy seguido, y hasta que tengo el conflicto en las manos es que me doy cuenta de que una vez más perdí la conexión con los niños y entonces estoy sufriendo las consecuencias. Lo importante aquí es saber que lo valioso para tu hijo no es que seas perfecta, sino que estés dispuesta a reconocer tu error, que sepas qué hacer y que no te canses de restablecer la conexión una y otra vez.

Recuperando la conexión con niños mayores o adolescentes

Cuando el niño es mayorcito o adolescente, la situación es muy distinta. Ya no es tan fácil restablecer la conexión a través de solamente pasar tiempo con él y suplir sus necesidades presentes, sino que ahora tenemos que resolver desde la raíz todas las secuelas que han dejado todos esos círculos viciosos en la forma de comunicarse, de relacionarse, de resolver conflictos, de suplir necesidades.

Cuando mis hermanas y yo abandonamos la escuela, el reto más grande para mis papás fue el darse cuenta de que en realidad nuestra comunicación familiar tenía muchas carencias y no era tan buena como ellos habían creído. No nos comunicábamos con profundidad, había secretos y algunos resentimientos entre nosotros, y por consiguiente, no había una plena libertad para conocernos a fondo y crear una atmósfera de confianza y seguridad familiar. Mis papás se tomaron el tiempo e invirtieron todo su esfuerzo y atención para llegar hasta lo profundo de nuestros corazones, para sanar todas esas heridas y para restaurar nuestra conexión por completo. Aprendimos a pedir y dar perdón y a comunicarnos con libertad y profundidad, lo que nos fortaleció grandemente en amor y solidez familiar hasta la fecha.

Nunca es tarde para recuperar la conexión que se ha perdido y para restaurar las averías que esos círculos viciosos han causado. Lo único que se requiere es disposición y mucha perseverancia. Aquí hay algunas acciones que puedes realizar durante ese proceso:

Tómate el tiempo de acercarte

En este proceso de buscar cercanía, no esperes a "tener un rato libre" o a "estar más desahogado de trabajo", sino que deliberadamente tú haz el esfuerzo por dedicar tiempo – mucho tiempo – para estar cerca de tus hijos. Cancela citas. Programa unas vacaciones. Apaga la televisión. Deja ese hobby que tanto tiempo te resta de tu familia. Desarrolla sensibilidad para aprovechar momentos espontáneos donde tienes oportunidad de acercarte. En lo cotidiano, cuando te hablen, deja la computadora, tu teléfono o lo que estés haciendo, y míralos a los ojos tanto para escucharlos como para hablarles.

El objetivo es que tus hijos sientan que verdaderamente estás allí y que tu principal anhelo es acercarte a ellos. No enseñarles nada ni sermonearlos, sino simplemente estar allí, escucharlos, disfrutar de su compañía. Que sepan que verdaderamente estás disponible para ellos.

Yo crecí sabiendo que yo era lo más importante para mi papá y que él siempre estaría disponible para mí. Cuando le llamaba a su oficina, siempre me tomaba la llamada y se oía contento de escucharme. Si yo necesitaba algo, sabía que él era capaz de cancelar una junta importante con tal de venir a auxiliarme. De hecho, en una ocasión que él y mi mamá estaban por realizar un viaje de varios días, una noche anterior a la partida, yo tenía mucho miedo y no quería que se fueran. Después de platicar un rato y darse cuenta de que yo realmente no podría manejarlo sola, me dijo que iba a cancelar el viaje. Cuando vi que estaba dispuesto a hacer eso por mí, cambié de opinión y le dije que estaría bien y que podían irse tranquilos. Tal vez lo único que necesitaba era saber que yo realmente era lo más importante para ellos.

Diles a tus hijos qué eres capaz de hacer por ellos... y una vez que lo has dicho, prepárate, porque de seguro ellos te pondrán a prueba para comprobar si verdaderamente estás disponible para ellos.

Establece la hora de la comida como una fiesta

A medida que los hijos comienzan a crecer, es común que cada quien comience a tener sus propias actividades y horarios, por lo que pocas veces coinciden para compartir la hora de la comida juntos; y también, poco a poco comienzan a distanciarse unos de otros.

En mi casa, mi papá siempre se esforzó por estar durante la hora de la comida, y procuraba hacer de ese tiempo un rato agradable y ameno en el que pudiéramos platicar. Hasta la fecha, la hora de la comida en mi casa es como una fiesta: un evento que todos esperamos con mucho entusiasmo y que todos disfrutamos profundamente. Ése es el momento cuando hay más disposición de hablar, de estar relajados y contentos.

Habla con tus hijos y pídeles que todos organicen sus horarios para pasar al menos una comida al día juntos. No programes citas para esa hora y establézcanlo como un "ritual" que todos disfruten y anticipen con gusto. Procura no tocar temas incómodos. Más bien enfócate en conocer a tus hijos, en escuchar sus anécdotas, en disfrutarlos, en reírte con ellos. Esa interacción diaria les ayudará a conocerse, a fortalecer su relación y también les servirá como ejercicio para pulir sus técnicas de comunicación. Cuando existe una relación cercana y saludable, también existen las vías para comunicar mensajes importantes.

Desobstruye las vías de comunicación

Una vez que has decidido acercarte, es probable que descubras que las vías de comunicación con tu hijo están obstruidas. Esto quiere decir que aunque hablan y hablan, los mensajes que realmente quieren transmitir no son recibidos, o que hay ciertos temas que inmediatamente hacen estallar los conflictos, las acusaciones, los pleitos, o incluso, han llegado al punto en que no existe la comunicación. Sólo son dos personas viviendo bajo el mismo techo, pero sin ningún vínculo que los una, más que el ser parientes.

Necesitas comenzar dando pequeños pasos que poco a poco te permitirán entrar de nuevo en su corazón. Primero, tú debes ser consciente de esos vicios para que puedas dejar de practicarlos, y luego puedas hablar de ello con tu hijo para que los dos lleguen a acuerdos en la forma de comunicarse. Pregúntale qué le molesta que tú hagas y escúchalo sin interrumpir y acepta lo que te diga. Juntos establezcan esos acuerdos y sé tú el primero en cumplirlos: no gritar, no usar palabras ofensivas, hablar civilizadamente, no usar sarcasmo ni burlas, no monologar, no dar sermones. Aprende a escuchar lo que te dice sin hacer un juicio de su inmadurez y sin justificarte; toma tiempo para meditar lo que oíste, desde la perspectiva de tu hijo, dándole valor a sus sentimientos y a su razonamiento.

Identifica también cuáles son los temas detonantes de conflictos y resentimientos pasados, y evítalos por ahora. El objetivo en este momento es comenzar a quitar los obstáculos y abrir una vía accesible a través de la cual puedan comunicarse efectivamente.

Pide perdón.

Estar dispuesto a reconocer tus errores delante de tus hijos, aumenta tu credibilidad importantemente y te gana su respeto. Quizás no te acuerdes de tus ofensas pasadas, pero si realmente quieres arreglar las cosas, ármate de valor y exponte ante ellos. Pregúntales si existe algún resentimiento en su corazón hacia ti y pídeles que te lo cuenten todo. No hables, no te justifiques, no expliques nada. Solamente escucha pacientemente y escríbelo todo. Reconoce tus errores y pídeles perdón sinceramente, sin condicionarlo a que ellos reconozcan los suyos, y trabaja en corregir esas actitudes.

Compartan sus sueños

Pídele a tu hijo que te hable de sus anhelos, de lo que quiere lograr y ayúdalo a lograrlos. No lo critiques. No te angusties si es un pasatiempo que "no lo llevará a nada". Aprovecha esos intereses para conectarte con él, para descubrir sus talentos y para guiarlo.

Y tú también platícale de tus propios sueños, de tus ambiciones, de cómo ves la vida, de lo que te preocupa. El objetivo es que ambos puedan abrir su corazón y encuentren un vínculo que los una más allá de simplemente llevar la misma sangre.

Cuéntales de tu experiencia

Los hijos a veces no podemos imaginar que nuestros padres también fueron jóvenes y también pasaron por las mismas dificultades que nosotros. Sentimos que ellos siempre han sido adultos y no pueden entender por lo que estamos atravesando nosotros. Tómate el tiempo de platicarles de cuando eras niño o joven. Compárteles tus sentimientos, tu perspectiva de la vida a esa edad. Tus temores, tus luchas. No uses tu experiencia para "darles lecciones", sólo permíteles echar un vistazo a tu pasado y deja que ellos se identifiquen contigo y sepan que en verdad entiendes por lo que ellos están pasando.

Sé paciente.

Sé consciente de que pueden pasar días, semanas o meses antes de que tus hijos vuelvan a querer hablar contigo o abrirte su corazón. Durante todo ese tiempo, mantente constante, no seas empalagoso ni insistente, sólo constante, respetuoso, paciente. Se requiere tiempo para sanar las heridas que produjeron años de distanciamiento y vicios en la comunicación. No te desesperes. Respétalos, dales su tiempo, mantente cercano pero muy paciente, sin presionar. Recuerda que sí es posible restaurar esa relación, y nunca es demasiado tarde para comenzar a hacerlo.

Construir una conexión sólida con tus hijos requiere esfuerzo y paciencia, pero sus recompensas valen la pena absolutamente: estás poniendo el cimiento para construir encima todo lo que vendrá después.

"Los momentos más felices de mi vida son los que he pasado en casa, en el seno de mi familia."

~ *Thomas Jefferson*

Capítulo 7
Segundo pilar fundamental:
Encontrando el sentido de tu vida

"Si tomas la responsabilidad de ti mismo, desarrollarás un hambre por alcanzar tus sueños".

~ *Les Brown*

Una vez que hemos trabajado en construir una conexión sólida con nuestros hijos, es más fácil que podamos llegar hasta lo profundo de su corazón para ayudarlos a que desde allí encuentren la motivación que los impulse a lo largo de su vida.

1. ¿De dónde viene la motivación?

Si aceptamos que ahora la responsabilidad es nuestra y que no estaremos más a merced de los motivadores externos, entonces también debemos aceptar el hecho de que nosotros somos ahora los generadores de nuestra propia motivación. Volviendo al ejemplo de mi hijo en el triciclo, somos nosotros quienes debemos mantenernos pedaleando ahora, sin esperar que alguien más venga a empujarnos por la espalda o a jalarnos del manubrio. Y si la motivación no debe venir de agentes externos, entonces, ¿de dónde viene?

Cuando di clases de español, tuve una alumna francesa. El primer día llegó sin saber absolutamente nada de español. Al día siguiente, llegó con la mitad del libro contestada y con una lista de dudas en su cuaderno. Me abordó en el receso y me pidió que le ayudara. En un ratito le contesté todas sus preguntas, porque entendió muy rápidamente. Al día siguiente, llegó con el libro completado y con más dudas. Al día siguiente, tuve que pasarla al segundo nivel, porque ya había rebasado por mucho a sus compañeros. Dos semanas después, cuando volví a encontrarme con ella, hablaba un español casi perfecto, con un acento casi imperceptible.

Sugata Mitra, Profesor de Tecnología Educativa en Newcastle, Reino Unido, es reconocido por ser el promotor del experimento "El Agujero en la Pared", con el cual, en el año de 1999 colocó una computadora en un quiosco creado en una pared en un barrio bajo en Kaljaki, Nueva Delhi y los niños tenían libre acceso a usarlo. El experimento procuraba probar que los niños podrían aprender de las computadoras con mucha facilidad sin ningún entrenamiento formal. Los niños difícilmente iban a la escuela, no hablaban inglés, nunca habían visto una computadora y no sabían qué era internet. La puso a un metro del suelo, la encendió y la dejó allí. Repitió esto en todo India. Después de unos cuantos días de haberla puesto allí, los niños estaban creando música, bajando juegos de internet y enseñándose unos a otros a usarla. Desde entonces el experimento ha sido repetido en muchos lugares, demostrando que los niños aprenderán a hacer lo que quieran aprender a hacer. Mitra concluyó que los niños pueden aprender a usar computadoras e internet por su cuenta independientemente de quiénes sean o dónde se encuentren. Si un niño tiene interés, el aprendizaje sucede.

Mis hijos disfrutan mucho de jugar videojuegos, igual que su papá. Desde pequeños mostraron interés y además son buenos para entender su lógica y superar las pruebas. Cuando llega un nuevo videojuego a casa, se pasan días enteros "picándole" hasta que logran pasar todos los niveles. Yo he tratado de jugar y por más que trato de entender la lógica, si ellos no me explican, yo no sé cómo jugar. Es una actividad repetitiva pero que requiere mucha lógica, mucha perseverancia, y mucha observación de leyes y límites. ¿Cómo lo hacen ellos?, ¿por qué les gusta tanto?, ¿cómo logran intuir las reglas y lo que deben hacer?, ¿quién los motiva a hacerlo?

Estos tres ejemplos – mi alumna francesa, los niños de la India y mis hijos con los videojuegos – tienen algo en común: una motivación cuyo origen a veces es difícil de explicar. Si nadie les está ofreciendo una sanción o un incentivo, ¿de dónde obtienen la motivación suficiente para realizar tales actividades?

Existe un motor interno

Todos nacemos con un "motor interno instalado". Cuando somos pequeños, se hace evidente a través de esa curiosidad eterna que nos impulsa a aprender todo lo que necesitamos para crecer y madurar a una velocidad extraordinaria durante nuestros primeros años de vida. A medida que vamos creciendo, nuestro motor interno es lo que nos motiva, lo que nos hace querer levantarnos cada mañana y seguir adelante, con entusiasmo. Es esa energía que surge desde adentro de nosotros y nos mueve a alcanzar nuestras metas sin importar los obstáculos del camino, aun cuando nadie nos está diciendo lo que hagamos – como en el caso de mi alumna francesa.

Dan Pink es un periodista norteamericano, escritor de varios libros, entre ellos, "Drive: the surprising truth about what motivates us" (Impulso: la sorprendente verdad sobre lo que nos motiva) Él afirma que a pesar de que mucha gente cree que la mejor forma de motivarnos es con incentivos como el dinero – el método de la zanahoria y la vara – es un error. Él sostiene que el secreto de un alto desempeño y satisfacción – en el trabajo, en la escuela y en el hogar – es la profunda necesidad humana de dirigir nuestras propias vidas, de aprender y crear cosas nuevas, y de mejorar en todo por nosotros mismos y por nuestro mundo. Haciendo uso de cuatro décadas de investigación científica, Pink expone el desajuste entre lo que la ciencia sabe y lo que los negocios hacen, y cómo esto afecta cada aspecto de la vida. En él, examina los tres elementos de la verdadera motivación - autonomía, maestría y propósito.

Por su parte, Sir Ken Robinson nos habla de un *Elemento* que todos debemos encontrar. En su libro "El elemento", nos explica:

"El elemento es el punto de encuentro entre la aptitud natural y la pasión personal. Lo que tienen en común las personas sobre las que he relatado en este capítulo y la vasta mayoría de gente de la que hablaré en las próximas páginas es que están haciendo lo que aman hacer, y en hacerlo encuentran un sentimiento de completa autenticidad. Se dan cuenta de que el tiempo transcurre de forma diferente y de que están más vivos, más centrados y más vibrantes que en otras ocasiones.

Estar en el elemento los lleva más allá de las experiencias ordinarias de goce o felicidad. No simplemente estamos hablando de risa, atardeceres y fiestas. Cuando la gente se encuentra en su elemento, se conecta con algo fundamental a su sentido de identidad, propósito y bienestar. Estar allí provee un sentido de revelación del propio ser y de definición de quiénes realmente son y qué es lo que en realidad deberían estar haciendo con sus vidas. Por tal razón, muchas de las personas del libro describen haber encontrado su elemento como una epifanía".

Muy dentro de nosotros, todos deseamos ser amados, trascender de alguna manera, ser recordados por lo que hicimos, hacer algún bien a nuestros semejantes, ser productivos... Pero muchas veces, con el paso del tiempo esos anhelos se ven nublados por las circunstancias que vamos experimentando; es posible vivir toda una vida sin haber encontrado nunca ese "motor" o ese "elemento", limitados por los sistemas y mentalidades que nos hacen creer que debemos conformarnos buscando incentivos y evitando castigos, sobreviviendo nada más.

2. Identidad ~ entender quién eres y para qué estás aquí

Desde hace muchos años, a mi familia le ha apasionado este tema de descubrir de dónde viene la motivación y poder ayudar a otras personas a identificarlo. Hace más de diez años, mi papá comenzó a hablar de un término interesante: la Identidad. Éste y otros conceptos profundos se convirtieron en lo que hoy es el SEA® (Sistema Eficaz de la Actitud: **www.actitud.com.mx**)

Mi esposo y yo hemos definido nuestros propios conceptos de acuerdo a lo que nosotros creemos y queremos para nuestra familia.

Tener identidad significa saber *quién soy* y *para qué estoy aquí*.

Esto quiere decir que soy consciente de la combinación de mis características natas, más aquéllas que he ido adquiriendo con el paso del tiempo, y que ahora forman la esencia de lo que soy. Ese conjunto de filosofías, creencias, ideales, motivaciones, talentos, destrezas, anhelos internos, que a lo largo de nuestra vida se han vuelto parte de nuestro ser, forman parte de quiénes somos. Lograr descubrirlo y vivir de acuerdo a ello, es *tener identidad*.

Tu identidad se crea a partir de cómo te ves tú, de lo que tú crees que eres. Todos nos comportamos de acuerdo a nuestra naturaleza y a lo que creemos que somos. Sea que esas ideas nazcan de lo que tú mismo piensas, o de lo que otros piensan o dicen, tú puedes definir tu identidad cuando en tu interior aceptas ideas acerca de ti. Ninguna circunstancia ni ninguna persona puede definir tu identidad sin tu consentimiento; sólo aquello que tú creas acerca de ti mismo es lo que define tu identidad. Descubrir nuestra identidad nos ayuda a tener una perspectiva mucho más amplia de nuestra vida y su propósito en esta tierra, lo que nos prepara para después ayudar a nuestros hijos a definir la suya. En mi opinión, ésta es la meta más importante que debemos tener como padres, mucho más que ayudarlos a terminar la escuela o llegar a la universidad: tener una identidad bien definida primero nosotros, y después ayudarles a ellos a hacer lo mismo.

El propósito de una persona no consiste en obtener títulos u ocupaciones; ésas son herramientas o funciones que pueden cambiar a lo largo de nuestra vida y que pueden ayudarnos a cumplirlo, pero no son en sí *la razón* por la que estamos aquí. Esa razón debe ir más allá de lo temporal y externo. Si la visión para mi vida es casarme y tener una familia feliz, ¿qué pasará si no me caso?, ¿o si pierdo a mi familia? O si mi propósito es ser un medallista olímpico, ¿qué pasará si no llego a las olimpiadas?, ¿o si de repente quedo inválido?, ¿entonces se pierde el sentido de mi vida?, ¿ya no hay razón para estar aquí?

Descubrir *quién eres* y *para qué estás aquí* es un proceso largo. No es algo que puedas hacer en este momento y ¡listo!, tienes tu definición de identidad. Es un proceso continuo, que nunca termina. Las experiencias que vivimos nos ayudan a descubrirnos, pero no debemos confundirnos y permitir que las circunstancias sean las que definan quiénes somos. Decir que nuestra identidad es ser "abogado" o "maestro" o "mamá soltera" o "esposa" o "patrón", es confundir funciones específicas que desempeñamos en diferentes momentos de nuestra vida, con nuestra verdadera identidad.

El motor más fuerte que nos impulsa por la vida nace de nuestra identidad. Por lo tanto, es muy importante descubrirla. Cuando entendemos cuál es nuestra identidad, comenzamos a vislumbrar nuestro propósito, ya que lo que somos determinará en gran medida el *para qué estamos aquí*. Saber *quién eres* y *para qué estás aquí* te proporcionará la motivación suficiente para seguir avanzando por el resto de tu vida, independientemente de las circunstancias externas.

¿Cómo descubro mi identidad?

El primer paso para descubrir nuestra identidad es "reconectarnos" con esa vocecita interna: nuestra intuición. Muchos de nosotros hemos perdido esa conexión debido a diversas circunstancias, pero saber que dentro de ti está esa voz y que nadie más puede decirte quién eres, sino sólo tú, puede motivarte a recuperar esa conexión cuanto antes.

El segundo paso es hacer una introspección profunda hacia nuestra persona. Las características esenciales con las que nacimos nos ayudan a darnos "pistas" de lo que está dentro de nosotros, pero una vez que lo hacemos consciente, entonces tenemos la oportunidad y el potencial de tomar en nuestras manos todos esos elementos y decidir qué queremos crear con ellos. Todos tenemos el poder de diseñar y redefinir nuestra identidad como queramos.

Existen muchos aspectos que conforman nuestra identidad, tales como nuestros rasgos físicos, nuestras características mentales y emocionales, nuestros anhelos más profundos, nuestra función dentro del entorno en el que nos desenvolvemos, y un largo etcétera, por lo que definir nuestra identidad es un proceso continuo que no termina en un momento específico, sino que siempre está en constante movimiento y reestructuración.

Intenta hacer a un lado cualquier etiqueta o cualquier imagen negativa de ti mismo y trata de ver hacia adentro lo más objetivamente posible para obtener la siguiente información:

<u>Describe tus características físicas.</u>

El conjunto de rasgos físicos constituye una parte esencial de la identidad de cada persona. En gran manera determina la forma en que nos vemos a nosotros mismos y en que los demás nos ven. Haz una descripción de todas tus características físicas: tus facciones, estatura, color de piel, de ojos, de cabello, tu complexión. No dejes fuera nada. Escribe tanto lo que te gusta de ti mismo como lo que no.

Describe tus características mentales y emocionales.

Piensa en aquellos rasgos más distintivos que te hacen ser la persona que eres. Puedes usar adjetivos para que sea más fácil distinguir esas características: sociable, tímido, extrovertido, amigable, reservado, sensible, estoico, estable, entusiasta, suave, firme, fuerte, débil, alegre, serio, parco, frío, cálido, intuitivo, estructurado, organizado, relajado, explosivo, irritable, afable, noble, y un gran etcétera. Éstas son sólo ideas. Tú escoge tus propias palabras y no olvides escribir todo, tanto lo que te gusta como lo que no.

Describe tu función en el entorno social donde te desenvuelves.

Tu entorno y la función que realizas en él también le brindan un conjunto de características importantes a tu identidad. Eres hombre o mujer, niño, joven o adulto, mexicano, colombiano, venezolano; eres mamá o papá, hijo o hija, hermano mayor o menor; tienes liderazgo de algún tipo o tú sigues el liderazgo de alguien más; estás dentro de un círculo de influencia, etcétera.

Describe tus anhelos

Un anhelo es la razón más esencial por la que haces lo que haces. A veces no es fácil identificarlos a primera vista, e incluso, pueden confundirse con actividades, hobbies o destrezas. Para identificarlos es necesario observar diferentes aspectos de nuestra vida y luego preguntarnos por qué lo hacemos o por qué pensamos así.

Aquí hay algunos ejemplos a través de los cuales podemos identificar nuestros anhelos:

A través de lo que te gusta hacer. Por ejemplo, a mí me apasiona dar clases de español, y si lo analizo profundamente, me doy cuenta de que la razón esencial que me motiva es la de "transmitir la verdad", es decir, yo quiero que la gente entienda correctamente el idioma, que no tenga dudas, que no desarrolle vicios o malos hábitos. Sin embargo, ese anhelo de "transmitir la verdad" puede llevarse a cabo no solamente dando clases de español, sino de muchas otras maneras. Por ejemplo, al escribir este libro estoy tratando de clarificar muchos conceptos, de comunicar un mensaje que para mí es verdadero. O cuando paso tiempo con mis hijos también puedo llevarlo a cabo, ya que les ayudo a entender el mundo, a aprender conceptos nuevos y me aseguro de que lo aprendan correctamente, sin errores ni malos hábitos. En un futuro quizá me dedique a dar conferencias o charlas sobre diversos temas, pero en toda actividad, el anhelo que me motiva es el mismo: "transmitir la verdad."

Mi marido, por ejemplo, tiene un fuerte anhelo de "motivar a otros." Y lo lleva a cabo en todas las actividades que realiza: cuando platica conmigo, tiene la gran habilidad de ayudarme a entender la situación con claridad y a dejarme esa sensación de querer levantarme en ese momento y poner manos a la obra. Después de un rato de estar con los niños, siempre nace un nuevo proyecto, ya que tiene la capacidad de sugerirles nuevas ideas que inmediatamente los inspiran a levantarse y ponerse a trabajar. En su trabajo, continuamente se la pasa motivando a sus clientes a que le compren (¡excelente habilidad para un trabajo de ventas!) También es un excelente maestro y le apasiona dar clases, pero a diferencia de mí, a él lo que le mueve no es "transmitir la verdad", sino "motivar a otros". Sus clases se caracterizan por estar llenas de energía y entusiasmo, y los alumnos se van inspirados, con muchas ganas de poner en práctica lo que acaban de aprender.

¿Cuáles son tus anhelos primarios?, ¿cuál es esa motivación que se repite en las diferentes actividades que te encanta realizar?

A través de lo que te molesta o entristece de otros. Otra manera de encontrar pistas de tus anhelos, es pensar en lo que más te molesta o te entristece de las acciones de otras personas. A mi hermana, por ejemplo, le molesta mucho que la gente sea cruel con los animales. Este sentimiento de enojo le ha ayudado a descubrir que ella tiene un anhelo por "aliviar el dolor de otros", lo que la ha llevado a descubrir una habilidad de empatía y persuasión que le permite ayudar a jóvenes con problemas.

¿Qué te molesta o te entristece que otras personas hagan?, ¿por qué te produce ese sentimiento?

A través de lo que valoras. Los valores que son más importantes para ti, o que aprecias en otras personas también pueden darte pistas importantes acerca de tus propios anhelos.

Mi abuelo era un hombre muy culto. Uno de los valores que él más apreciaba en otros era la exactitud, y lo que más le molestaba era que la gente fuera imprecisa o descuidada. Recuerdo que uno de sus pasatiempos era escribirles a las editoriales de libros o revistas para informarles que había encontrado errores ortográficos o de redacción en sus publicaciones. Uno de sus grandes anhelos era "validar la información", por lo que dedicaba muchas horas de su día a investigar y reunir datos que le ayudaran a demostrar que la información era correcta. Ese anhelo también lo llevó a ser un gran maestro que inspiró a muchas personas a profundizar en la información mucho más concienzudamente.

¿Qué es lo que más valoras en otras personas?, ¿por qué son importantes para ti esas características?

A través de tus destrezas. Todos tenemos habilidades, dones, talentos y destrezas que son parte de nuestro ser y que nos sirven como herramientas para alcanzar nuestros anhelos. Darnos cuenta de ellas y darnos la oportunidad de desarrollarlas es un gran paso hacia descubrir y definir nuestra identidad. Es importante no confundir anhelos con habilidades, profesiones, funciones u oficios específicos. Todos ellos son vehículos que nos ayudan a desembocar nuestros anhelos, pero no son el anhelo en sí.

Por ejemplo, una chica tal vez disfrute mucho de la fotografía y diga que quiere ser fotógrafa. Pero si vamos más allá de la actividad e indagamos por qué le gusta hacerlo, tal vez descubramos que lo que a ella le gusta es observar a las personas, captar sus sentimientos, proyectar lo que ve en ellas. Si nos enfocamos en potenciar esos anhelos en vez de solamente limitarnos con una actividad o inclinación, veríamos que existe un gran abanico de posibilidades. Al entender que su anhelo es "entender a las personas" o "ayudar a otros a proyectar su interior" o "ayudar a otros a entender sus sentimientos", es evidente que se puede desarrollar no solamente a través de la fotografía, sino de un sinfín de actividades y destrezas, como siendo maestra o consejera, o actriz, o doctora, o escritora, o maquillista, y un largo etcétera. Un solo anhelo puede manifestarse a través de diversas herramientas, las cuales son ilimitadas; pero una persona por lo general se mueve por unos cuantos anhelos.

¿Qué destrezas tienes tú?, ¿por qué disfrutas de ellas?

Redacta tus anhelos en frases cortas

Después de haber dado respuesta a estas preguntas, observa los patrones que se repiten en todas ellas y trata de ir definiendo cuáles son tus anhelos. Usa tu creatividad para combinar verbos y sustantivos y redactar frases muy sencillas que expresen lo que hay en tu interior.

Aquí hay algunos ejemplos:

Aliviar el dolor de otros.
Reformar mi entorno.
Producir recursos.
Motivar a otros.
Consolar a otros.

Transmitir la verdad.
Entender a las personas.
Innovar procedimientos.
Identificar talentos.

¿Cuál es el tuyo?

Redefínete a ti mismo

A pesar de que muchas de estas características que acabamos de describir integran la esencia de la persona que somos, no deben convertirse en un estigma que limite nuestra vida. Recuerda que tu identidad se crea a partir de lo que tú crees que eres, por lo que tienes todo el poder de redefinirte a ti mismo; de redefinir tu identidad y de darle un nuevo significado a *quién eres tú*.

A lo largo de la historia siempre ha habido sistemas que se han empeñado en "programar" la identidad de la gente masivamente. Los alemanes por ejemplo, en unos cuantos años lograron crear toda una identidad nacional que cambió el rumbo de la historia y cobró muchas vidas, durante la Segunda Guerra Mundial. La televisión o la escuela son ejemplos de medios de programación masiva actuales. Nos transmiten ideas falsas acerca de *quiénes somos,* que nosotros nos creemos; y poco a poco comenzamos a vivir de acuerdo a ellas.

Sin embargo, también siempre ha habido personas que se han atrevido a desafiar y a cuestionar las ideas preconcebidas que la sociedad ha pretendido inocular masivamente. Reformadores valientes que han sido capaces de salirse de ese bombardeo de ideas, de visualizar una forma de vida totalmente distinta y aferrarse a ella, pese a lo opuesto de la corriente: Martín Lutero, Galileo Galilei, Gandhi, Benito Juárez, Miguel Hidalgo, Nelson Mandela, John Holt... Son sólo unos cuantos ejemplos.

Imagínate haber nacido en la época de la esclavitud, en un estado del sur de Estados Unidos. Todas tus circunstancias apuntando hacia *ser un esclavo:* hijo de esclavos, nacido en cautiverio, piel de color, en medio de una sociedad totalmente racista. Aun así, muchos de esos hombres y mujeres decidieron no aceptar esas ideas falsas acerca de sí mismos y fueron valientes para levantar su voz diciendo:

"Yo tengo un sueño. Sueño que un día esta nación se levantará y vivirá el verdadero significado de su credo: "Afirmamos que estas verdades son evidentes: que todos los hombres son creados iguales". Sueño que mis cuatro hijos vivirán un día en un país en el cual no serán juzgados por el color de su piel, sino por los rasgos de su personalidad."

~ *Martin Luther King*

No tuvieron miedo de ir en contra de todo. Muchos incluso dieron su vida por transmitir esa idea hasta que todos la hicieron suya y de esa forma se convirtió en la realidad que les dio libertad a miles de personas, y una identidad totalmente nueva.

Ninguno de nosotros escogió las circunstancias que le rodean; muchas de ellas tal vez sean desfavorables, pero tus circunstancias no definen tu identidad, sino lo que tú decides creer acerca de ti mismo. Tú puedes evitar que tus circunstancias te limiten; tienes el poder de levantar tu voz y redefinir *quién eres tú*. Todos tenemos algún aspecto de nuestro ser que nos gustaría cambiar y no es posible. Una de las razones más comunes para sentirnos frustrados es el tener expectativas. Si tú tienes la expectativa de que *deberías* tener una vida sin problemas, y que *deberías* tener un físico perfecto y unas circunstancias totalmente favorables para vivir una vida larga y feliz, entonces encontrarás frustración con cualquier situación que no cumpla esas expectativas y en vez de vivir una vida plena y satisfactoria, siempre encontrarás motivos para sentir que la vida "te debe algo" o que "es injusta" o que "tú mereces más".

Fanny Crosby (1820–1915) fue una letrista, poeta y compositora estadounidense, y una figura prominente durante su tiempo de vida. A las seis semanas de nacida, tuvo un resfriado que le causó inflamación de los ojos. El doctor de la familia estaba lejos de casa, así que un hombre de la comunidad sugirió que se le aplicaran cataplasmas de mostaza caliente, lo que, de acuerdo con Crosby, le dañó los nervios ópticos y la dejó ciega. Su madre y su abuela se hicieron cargo de su educación durante su infancia y se encargaron de fortalecer su identidad y la ayudaron a ver su "discapacidad" como un regalo. Fanny se caracterizó por ser una mujer entusiasta, feliz de vivir la vida, siempre dispuesta a ayudar e inspirar a otros. En una ocasión, durante sus últimos años, alguien le preguntó que si pudiera pedir cualquier cosa cuál sería, a lo que ella respondió que pediría volver a vivir su vida siendo ciega, ya que esa discapacidad le había permitido desarrollar otras habilidades como el oído musical, la sensibilidad a las personas y la espiritualidad.

Hellen Keller (1880–1968) fue una autora, activista política y oradora estadounidense. Cuando tenía tan sólo 19 meses, tuvo una fiebre muy fuerte que la dejó sorda y ciega. Los siguientes años fueron muy difíciles para Helen y su familia. Helen se hizo una niña muy difícil. Aventaba los platos y lámparas y aterrorizaba la casa entera con rabietas, gritos y su mal genio. Los parientes la miraban como un monstruo. Pero su familia —y ella misma— no se resignaron con ese destino, y lo fueron superando a fuerza de voluntad y constancia, y gracias también a tutores y amigos que la ayudaron; entre ellos, su institutriz, Anne Sullivan. Ella le enseñó a hablar, a leer y a escribir, y también fue su amiga de toda la vida. Fue la primera persona sordo-ciega en obtener un título universitario. Escribió libros, viajaba, daba charlas acerca de su experiencia y obtenía fondos para la Fundación Americana para Ciegos. No sólo recolectaba dinero, también hacía campañas para mejorar la calidad de vida y las condiciones de las personas ciegas, quienes eran rechazadas y erróneamente educadas en asilos. Su insistencia fue uno de los factores importantes para que las condiciones de éstas cambiaran.

El Profesor Stephen Hawking es un físico y cosmólogo, que ha dedicado su vida a hacer grandes aportaciones a la ciencia. Padece una enfermedad que ha ido agravando su estado con el paso de los años hasta dejarlo casi totalmente paralizado, por lo que necesita una computadora para hablar. Aun así, él dice: "aunque no puedo moverme y necesito una computadora para hablar, en mi mente, yo soy libre"

En su documental, "¿Dios creó el universo?" concluye diciendo:

"Probablemente no hay cielo ni vida después de la muerte. Tenemos esta única vida para apreciar el gran diseño del universo y por ello... yo estoy extremadamente agradecido".

No quiero entrar en debates teológicos, pero la verdad es que nadie sabe con certeza qué hay después de la muerte; lo único que sí sabemos es que en este momento estamos aquí y tenemos la oportunidad de vivir hoy. Para mí, ésa es suficiente razón para estar agradecida, para usar cada característica de mi identidad para vivir mi vida al máximo, buscando plena realización y satisfacción. La calidad de vida no radica en las buenas o malas condiciones que nos toque vivir, sino en la identidad que nosotros decidamos construirnos. Hay gente muy afortunada que muere frustrada y muy infeliz, mientras que hay otras personas muy desdichadas que viven su vida con intensidad y pasión, contagiando a quienes les rodean, y se van de este mundo llenas de paz y satisfacción.

¿Qué tipo de persona *quieres ser* tú?

Una vez que lo hayas meditado con calma, intenta redactar una oración sencilla pero concisa que declare con claridad *quién eres tú* y *para qué estás aquí*. Estoy segura de que verlo plasmado en el papel traerá una visión fresca y renovada de tu vida, lo que te será una fuente inagotable de motivación.

3. Trascender ~ el "plus" de vivir conforme a tu identidad

Trascender está relacionado con el deseo que todos tenemos de ser útiles, de mejorar nuestro entorno, de ser productivos y de beneficiar a otros. Puede que cuando escuchamos esta palabra, automáticamente nos transportemos hacia el final de nuestra vida, cuando nuestro biógrafo esté recopilando datos de nuestra historia y entonces, cuando el mundo sepa quiénes fuimos, habremos trascendido. Pero el concepto de trascender tiene un efecto mucho más inmediato y práctico. ¿Alguna vez te ha pasado que te topas con alguien que te dice: "yo me acuerdo muy bien de ti porque un día tú me ayudaste"? Tal vez ese beneficio fue algo muy insignificante para ti, o tú ni si quiera te acordabas de eso, y sin embargo, en esa persona produjo un efecto. Eso es trascender.

Una de las acepciones de esta palabra, según el diccionario, es:

Dicho de los efectos de algunas cosas: Extenderse o comunicarse a otras, produciendo consecuencias.

Cuando una acción tuya produce un efecto o consecuencia en alguien que no eres tú, estás trascendiendo. Una mamá, por ejemplo, trasciende diariamente en la vida de sus hijos. Un patrón, en la vida de sus empleados; un niño, en la vida de sus compañeros o amigos; un maestro, en las vidas de sus alumnos; todos trascendemos. Algunos lo hacen para bien y otros para mal. Pero un anhelo natural en el hombre es el de trascender positivamente.

Hay mucha gente que se esfuerza por causar un impacto, por ser reconocida, por estar en el "escenario", pero no se preocupa por trabajar en el mensaje de su vida: tener muy claro *quién es* y *para qué está aquí*. Lo que sucede es que puede ser muy exitosa en un momento específico, pero cuando las circunstancias ya no están a su favor o cuando las cosas no salen como esperaban, se frustra, pierde la motivación, ya no tiene razones para seguir avanzando.

Los primeros años que estuve en mi casa sin ir a la escuela, dediqué gran parte de mi tiempo a leer biografías de grandes hombres y mujeres de la historia. Una de las mujeres que me impactaron enormemente fue Corrie Ten Boom (1892–1983), escritora y activista neerlandesa, conocida por brindar refugio a los perseguidos por el régimen nazi. Leí su libro "El refugio secreto" en menos de una semana y no podía dejar de leerlo. En él narra cómo desde el inicio de la guerra, su casa se convirtió en un refugio para muchos judíos quienes fueron rescatados de una muerte segura a manos de las SS nazis. En 1944 toda su familia fue arrestada y llevada a prisiones holandesas primero, y finalmente al campo de concentración "Ravensbrück" en Alemania. Allí murió toda su familia. Ella fue liberada al final de la guerra.

Lo impactante de esta historia es que a pesar de todas las circunstancias por las que Corrie atravesó, desde desilusiones amorosas, hasta la privación de su libertad y la muerte de su familia, ella siempre mantuvo una actitud entusiasta y generosa. En el campo de concentración era conocida por ser una fuente de esperanza e inspiración para sus compañeras, pues siempre estaba dispuesta a brindar su ayuda y dar palabras de ánimo aun en medio de la prisión, la enfermedad y la muerte. Después de la guerra, comenzó una labor muy fuerte de predicación ambulante en más de sesenta países, tiempo durante el que escribió muchos libros. Su predicación hacía especial énfasis en el perdón. Ella misma fue capaz de estrechar su mano y perdonar a uno de los guardias más crueles de "Ravensbrück", años después de la guerra. Ella afirmaba que de todas las víctimas de la brutalidad nazi, los que mejor pudieron reconstruir sus vidas fueron quienes lograron perdonar.

¿De dónde sacó las fuerzas para vivir trascendiendo y beneficiando a otros esta mujer? De la solidez de su identidad y de la claridad de su propósito. Su propósito no estaba construido en torno a un matrimonio o a tener hijos, o a vivir una vida libre y feliz, sino en que ella era libre en su interior y capaz de perdonar e inspirar a otros a hacer lo mismo. En cada circunstancia por la que atravesó, su propósito fue el mismo: *consolar a otros.* Cuando estaba en su casa, protegía judíos. En el campo, inspiraba y animaba a sus compañeras presas. Cuando salió, escribió libros y viajó para inspirar a otros.

Nuestro propósito en la vida no puede constuirse en torno a personas, eventos, circunstancias externas o situaciones temporales; tu propósito en la vida debe tener la capacidad de mantenerse intacto independientemente de cualquier situación fuera de tu alcance. Tú eres y estás aquí por una razón. Encontrar esa razón y vivir siendo impulsado por ella es lo que te llenará de satisfacción y plenitud en esta vida, y lo que te permitirá aprovechar cualquier circunstancia para continuar cumpliendo tu propósito. Lo importante entonces, debería ser trabajar en nuestra identidad, en ser libres y responsables, y el acto de trascender vendrá como un resultado natural, ya que estaremos irradiando la autenticidad de nuestra identidad al mismo tiempo que estaremos experimentando una genuina libertad al ser responsables de cada decisión que tomemos.

Sea que decidas usar la escuela o no en la educación de tus hijos, trabajar en fortalecer estos dos pilares: una conexión sólida y una identidad bien definida, te brindará el fundamento necesario para que lo que construyas a continuación permanezca firme.

"Adquirimos sabiduría no por el recuerdo de nuestro pasado, sino por la responsabilidad de nuestro futuro."
~ George Bernard Shaw

Sección 4

Viviendo Sin Escuela

aprendizajeSUPRAescolar

Capítulo 8
Ya tomé la decisión de educar sin escuela... ¿y ahora?, ¿qué hago?

*"No necesitas ver toda la escalera,
sólo da el primer paso."*
~ *Martin Luther King*

Hace cuatro años mi familia y yo hicimos un viaje a Houston TX., para visitar a mi hermana. Nos fuimos en carro, así que el viaje duró unas veinticuatro horas repartidas en dos días. En ese entonces estaba embarazada de mi pequeño Caleb. Mateo y Pablo tenían dos años nueve meses y un año tres meses, respectivamente. Así que no hace falta dar más detalles de lo extenuantes que nos resultaron todas esas horas en el carro. Cuando por fin llegamos a nuestro destino final, como a eso de las ocho de la noche, después de haber estado en el carro desde las ocho de la mañana, mis hijos tuvieron un ataque de locura en cuanto entraron al departamento de mi hermana. Comenzaron a correr por todas partes; brincaban en los sillones, reían, gritaban, se empujaban, se abrazaban... Totalmente desquiciados. Y cómo no, después de tantas horas de "encarcelamiento" en sus sillas del carro.

Cuando pienso en un niño al que sus papás han decidido desescolarizar, invariablemente viene a mi mente esta escena de mis hijos finalmente libres de su prisión. Después de haber estado destinado a pasar seis u ocho horas todos los días en un aula, ese niño ahora es libre para hacer con su tiempo lo que a él le plazca. Pero, aunque la imagen de esta nueva realidad pueda ser muy placentera para unos, para la mamá quien vive esa nueva realidad puede que no lo sea tanto. Casi puedo asegurar que se siente llena de sentimientos de incertidumbre, angustia y preocupación: ¿ahora qué hago con él todo el día?, ¿qué horarios sigo?, ¿cómo le hago para que se ponga a estudiar?

1. Desescolarización ~ ese lapso de relax

Te imaginarás que tuvieron que pasar dos o tres días antes de que mis hijos quisieran entrar de nuevo en el carro durante nuestra estancia en Houston. Sentían aversión por la calle y sus sillitas de carro. Pero una vez que pasaron esos dos o tres días en los que pudieron descansar y correr a su antojo, de nuevo estuvieron dispuestos a entrar en el carro para ir a dar un paseo.

Cuando un niño que ha estado escolarizado deja la escuela, necesita pasar por un tiempo de "desescolarización", "descompresión" o "aclimatación" en el cual pueda gozar de total libertad para reconectarse consigo mismo, para familiarizarse con su nuevo ambiente, con su nueva libertad, para recuperarse de los daños que ha sufrido, para recobrar la curiosidad natural y el interés por aprender, sin ninguna estructura u obligación académica.

Sarah McGrath, en su libro "Unschooling: a lifestyle for learning" (Unschooling: un estilo de vida para el aprendizaje), describe el período de desescolarización de esta manera:

"Puede ser que los niños que sí fueron a la escuela en el pasado, necesiten algún tiempo para desescolarizarse: para borrar las divisiones arbitrarias en sus vidas. Sin embargo, debido a la flexibilidad y adaptabilidad naturales de los niños, es posible que su proceso sea más fácil que el de un adulto completamente escolarizado. Los niños sienten gran parte de la vida como algo relativamente nuevo. Con experiencias nuevas continuamente están formando y cambiando las ideas grandes. Continúan explorando y descubriendo sus pensamientos y sentimientos sobre cómo viven o les gustaría vivir de manera diferente. Cuando los niños que fueron escolarizados dejan atrás la escuela, de repente sienten toda su vida más ligera y más libre. Puede que al principio se resistan a las actividades que ellos interpretan como educativas (al menos en las que conscientemente reconocen la enseñanza), pero con el tiempo bajan la guardia, se relajan y recuperan su curiosidad natural y el simple gozo de aprender y hacer cosas nuevas".

He leído que algunas personas recomiendan tomar un mes por cada año de escolarización. No sé de dónde salió ese cálculo, pero puede servir como referencia. Aunque para mí, la referencia más importante es tu hijo. Obsérvalo: ¿cómo se siente?, ¿cómo se relaciona contigo?, ¿cómo está tomando su nueva libertad?, ¿qué es lo que más necesita en este momento?

Puede ser que algunos niños se adapten rápidamente, pero puede ser que algunos no. Sé de chicos que tuvieron una actitud renuente por varios años antes de que entendieran las razones por las que sus papás habían tomado esa decisión, y de que disfrutaran de su nueva libertad. Sé de otros que al verse completamente libres se dedicaban a dormir, a jugar videojuegos, y a ver televisión, sin el más mínimo interés en abrir un libro o tomar un lápiz. Otros caen en el desenfreno, como mis hijos desquiciados cuando finalmente se sintieron liberados de su prisión. Es natural que un niño no sepa qué hacer con su libertad en un principio, y entonces se le ocurran actividades destructivas o molestas para los que le rodean. Incluso, me ha tocado ver niños que no saben cómo jugar, porque nunca tuvieron la oportunidad de hacerlo. Sólo gritan, corren, empujan a los demás, pero en realidad su juego no tiene ninguna estructura. El pensamiento es una actividad que puede ejercitarse, al igual que el ejercicio físico. Mientras más estemos habituados a ella, más dominio tendremos sobre ella. De igual manera, cuando se le da cada vez más oportunidad a un niño de que tenga la libertad de elegir sus propias actividades, poco a poco irá haciendo mejor uso de esa libertad: aprenderá a tomar decisiones productivas para emplear su tiempo.

Ya que has tomado esta decisión, entonces date un tiempo especial para asimilarlo y para estrechar esos lazos con tus hijos. Ahorita no te agobies por bajar los objetivos de la SEP (Secretaría de Educación Pública, en México) ni por ir a visitar el INEA (Instituto Nacional para la Educación de los Adultos, en México) Tampoco les impongas a tus hijos un horario a seguir ni los obligues a terminar sus libros de la escuela. Yo incluso recomiendo que se vayan de vacaciones. Una "luna de miel familiar" para disfrutar juntos y solos como familia, para salirse por completo de la rutina anterior, para cambiar de ambiente, para desintoxicarse de la escuela, de los vicios que tenían, para conocerse unos a otros, para estrechar sus lazos antes de comenzar esta nueva etapa de sus vidas.

Sé paciente, no te alarmes, no te sientas reprobada ni tampoco repruebes a tu hijo. Entiende sus tiempos y sus ritmos, y enfócate en lo verdaderamente importante durante este tiempo: restaurar las vías de comunicación y fortalecer tu relación con él. Esfuérzate por llegar dentro de su corazón: en saber qué siente, qué piensa, qué le preocupa, cuáles son sus anhelos, sus sueños. Repara todo lo que esté dañado, pídele perdón si es necesario, ábrele tu corazón, mantente dispuesta a escuchar sin juzgar ni enseñar. Sólo escucha, entiende, ama. Enfoca tus energías en construir una estructura sólida que pueda sostener todo lo que quieres construir encima. Mientras más conozcas a tu hijo, más herramientas tendrás para saber cómo inspirarlo, cómo motivarlo, cómo reforzar sus áreas fuertes y cómo ayudarlo con sus áreas débiles. Cuando hay conexión, el aprendizaje viene como resultado natural; pero sin conexión, todo lo que construyas, finalmente caerá.

2. Deja la escuela en donde está. No es necesario traerla a la casa.

Símbolos del aprendizaje

Es natural que cuando finalmente nos decidimos por esta modalidad, nuestro primer impulso sea imitar a la escuela. Queremos acomodar nuestra casa con mobiliario escolar, comprar libros, establecer horarios estrictos, ¡y hasta poner un asta en el patio y hacer honores a la bandera! Lo que sucede es que el paradigma escolarizado ha conseguido que la definición que todos tenemos acerca de aprendizaje, se vea estrechamente relacionada con una serie de objetos, acciones y conceptos. Me refiero a que, cuando pensamos en el hecho de aprender, automáticamente traemos a la memoria imágenes como pizarrón, maestra, aula, libro, lápiz, cuaderno, números, letras, sentarse quieto, guardar silencio, tener un horario saturado lleno de actividades académicas, y un largo etcétera. A continuación menciono algunos ejemplos de esos "símbolos" que por lo general están relacionados con el aprendizaje:

Libros, cuadernos y lápices. Es difícil imaginar que si no existen estos elementos, el niño realmente está aprendiendo, porque para el sistema escolarizado, aprender es sinónimo de memorizar, de recibir datos y vaciarlos en el papel. Pero, ¿qué hay de todo lo que un niño sabe hacer y que nadie le enseñó? ¿Cómo te explicas que tu hijo sepa hablar español si nunca fue a clases y tú tampoco le diste cursos de gramática?, ¿cómo sabe caminar, correr y trepar sin haber ido a clases de gimnasia o entrenamientos físicos?, ¿cómo sabe manejar el iPad o la computadora sin haber estudiado "historia de las tecnologías modernas"?

El activismo como señal de productividad. Mi marido da clases en la universidad y me cuenta que sus alumnos tienen una carga de trabajo demasiado saturada. Tareas, trabajos, reportes, investigaciones, tesis, clases aquí y allá. Pero cuando les pregunta cómo resolverían un caso real o les pide que redacten un contrato, no tienen las competencias para hacerlo. No están preparados para brindar un servicio de calidad ni para resolver problemas reales en el mundo real. ¿De qué sirve tanto activismo y cargas pesadas de llevar si no están rindiendo frutos tangibles? El sistema educativo convencional pretende sistematizar algo que no puede ser sistematizado y presume sus estadísticas como si eso fuera aprendizaje.

<u>El aprendizaje como obligación.</u> La mentalidad de obligación también es propia del sistema educativo sistematizado: uno de sus objetivos más importantes es hacer que los niños se acostumbren a su vida futura en la industria, y para ello, se utiliza el aprendizaje como medio de entrenamiento en el deber y la responsabilidad. El resultado es que aprendemos a repudiar lo que debería ser placer. Definitivamente es importante que los niños aprendan a ser responsables con sus deberes y obligaciones, pero las obligaciones del mundo real no consisten en hacer planas ni leer libros aburridos. Incluir a los niños en las responsabilidades de la casa, enseñarlos a hacerse cargo de su ropa, de su espacio, a ganar su dinero, ayudar a su familia, son formas mucho más tangibles y con beneficios inmediatos, para ayudarlos a entender que aunque no nos guste, todos tenemos responsabilidades y obligaciones que finalmente cumplimos porque entendemos el objetivo de hacerlas: sostener a nuestra familia, vivir en orden, ahorrar tiempo, gozar de mejor salud, etcétera.

<u>El aprendizaje como tributo.</u> Durante mis años de maestra descubrí que el estudio muchas veces es percibido por los alumnos como un "tributo" al profesor. Cuando revisaba sus tareas me daba cuenta de que muchos las habían copiado textualmente de internet o que no tenían la más mínima idea de que el propósito del ejercicio era que ellos practicaran los conceptos vistos en clase para que supieran cómo aplicarlos, y para despejar dudas. Para ellos era un simple trámite a realizar para llenar el requisito en su expediente. Era pagar una cuota a

cambio de un beneficio. Era la manzana en el escritorio del maestro para ganarse su favor.

La culpabilidad: una sombra de la escolarización

Si entendemos que el paradigma educativo ha conseguido que en nuestra mente exista un vínculo tan estrecho entre el aprendizaje y estos "símbolos", es lógico entender que si un niño pasa varias horas sentado leyendo, escribiendo o resolviendo problemas matemáticos, creamos que está aprendiendo mucho; y si somos la mamá de ese niño, entonces nuestra alma encuentra paz y tranquilidad porque sentimos que "vamos bien". Pero, si al niño no le gusta sentarse más de cinco minutos, no quiere saber nada de lectura o escritura y mucho menos de números, entonces sentimos que el niño tiene un problema, o peor: ¡que nosotras tenemos un problema!

El sentimiento de culpabilidad es fuerte y nos persigue día con día. Si no rellenamos "por lo menos" dos páginas del libro hoy, o si no hicimos "por lo menos" un experimento hoy, o si no leímos "por lo menos" un capítulo de nuestro cuento hoy, entonces cargamos con un sentimiento de culpabilidad que nos acusa de estar perdiendo tiempo, de no estar trabajando lo suficiente, de estarnos atrasando.

Piensa que pasar una hora sentada en el piso jugando y platicando con los niños puede ser mucho más relevante que tres horas sentados en la mesa rellenando libros de mala gana. Al final del día quizás te des cuenta de que no trabajaron en nada propiamente académico, pero te sentirás muy satisfecha porque pudieron estar en armonía resolviendo conflictos, fueron pacientes unos con otros, la casa se mantuvo recogida, no hubo gritos... Lo importante no es la actividad en sí misma, sino lo que se está aprendiendo a través de ella. Y muchas veces obviamente, esos resultados no podrán reflejarse en una boleta de calificaciones o en un número de páginas rellenadas, pero serán evidentes en su relación familiar, en su armonía, en sus relaciones con otras personas, en sus logros personales, en su productividad, en su satisfacción y entusiasmo por vivir.

El aprendizaje no es como lo pintan

El aprendizaje no es una cuota que alguien le impone a otro y que debe cumplirse. El aprendizaje es un acto personal que surge del interés del individuo. El cerebro humano se mantiene aprendiendo todo el tiempo y de hecho, los aprendizajes más significativos tienen lugar cuando estamos felices, motivados, interesados en la actividad que estamos realizando, lo que muchas veces sucede sin que seamos conscientes o que decidamos aprender deliberadamente. Un bebé, por ejemplo, desde el momento que nace está aprendiendo. Aprende a reconocer a su madre, aprende a través de los estímulos que le rodean, aprende a agarrar los objetos que le llaman la atención, aprende a gatear, a caminar, a hablar, y nadie le enseña todo eso. Lo aprende porque se siente atraído, porque necesita hacerlo, porque lo disfruta.

A lo largo de los años he ido descubriendo que el aprendizaje nunca tiene el aspecto que "debería tener". Es decir, el acto de aprender no está limitado a esos símbolos escolares que todos tenemos, ya que puede haber aprendizaje sin símbolos, y también pueden estar los símbolos presentes sin que haya aprendizaje. Todos estamos aprendiendo todo el tiempo y muchas veces ni siquiera somos conscientes de ello. Por eso es que, tan acertadamente, John Holt dijo que aprender es sinónimo de respirar. Uno aprende cuando necesita aprender. Y si necesitas aprender es porque tienes un proyecto que quieres lograr. ¿Alguna vez te has sentido tan emocionado con un proyecto que hasta has dejado de comer o dormir para trabajar en él? Te sientes tan motivado que disfrutas cada minuto que puedes dedicar a trabajar en ello. Nadie tiene que recordarte que le dediques tiempo, sino que por el contrario, a veces te piden que descanses un poco. Esa energía que surge desde tu interior te impulsa a buscar el tutorial que te dé las respuestas que necesitas; a investigar hasta que encuentras la tienda exacta donde puedas comprar ese material o ese aparato que te hace falta; a hacer llamadas hasta que das con la persona clave que puede conectarte con tus futuros clientes; a hacer pruebas y a equivocarte una y otra vez hasta que encuentras la fórmula exacta. Cuando tenemos un proyecto que surge de nuestro propio interés, contamos con la dosis suficiente de inspiración y motivación para mantenernos indagando, investigando, reuniendo los recursos necesarios, incluso sacrificando horas de sueño o de comida. Entonces el aprendizaje viene como resultado natural de un proceso lleno de deleite y satisfacción que está muy lejos de los libros de texto, y de rendir un tributo para cumplir con una obligación.

Dale permiso de aburrirse

Para una mamá es angustiante escuchar de su hijo: "mamá, estoy aburrido." Sentimos que no estamos realizando bien nuestra labor, y aunado a nuestro instinto maternal de suplir toda necesidad, en cuanto vemos que nuestros hijos están aburridos, corremos a ofrecerles algo para hacer, a prenderles la televisión o a inscribirlos a un nuevo curso: actividades que los distraen de su verdadera necesidad de pensar. Los privamos de que tengan contacto con su intuición natural, y sin que sea nuestra intención, criamos hijos cuya habilidad de pensamiento depende de los estímulos externos. Niños que constantemente miran hacia afuera para recibir instrucciones precisas de qué hacer con su tiempo y su mente.

Cuando logro superar la tentación de distraer a un niño aburrido con algo para suplir su necesidad inmediata, tranquilamente le digo: "qué bueno que estás aburrido, porque eso significa que se te puede ocurrir una buena idea", entonces él toma la responsabilidad de sus propios pensamientos y de tomar una decisión al respecto. A veces vienen a ver qué estoy haciendo yo y se me unen, o a veces van y buscan un libro para leer, o a veces van y arman algo, a veces comienzan un juego imaginario en armonía con sus hermanos que dura mucho rato, a veces me piden que les dé materiales para hacer un experimento... Y a veces, solamente se quedan sentados allí, viendo al infinito. Pero es chistoso que por lo general, después de un periodo de "inactividad", es que mis hijos me comparten algunas de sus profundas reflexiones. Me hace pensar que aunque en apariencia no estaban haciendo "nada", dentro de ellos sí estaba ocurriendo actividad mental. Cualquiera que sea la actividad que elijan, o la reflexión a la que lleguen, lo valioso para mí, es que surge de SU propio interior y de SU propia creatividad, y no de estímulos externos o de la creatividad de alguien más.

Si logras resistir la tortura de ver a tus hijos aburridos unos cuantos minutos, verás cómo van fortaleciendo su autonomía en el área del pensamiento también, y entonces buscan maneras creativas de ocupar su tiempo y mente; tal y como les ayudamos a madurar y fortalecer su autonomía cuando resistimos la tentación de vestirlos o darles de comer en la boca o subirlos al tobogán en el parque. La mente no soporta estar inactiva, así que si logramos esperar un poco, esa fuerte necesidad natural los impulsará positivamente. El aburrimiento puede ser usado como un fuerte motivador para producir conclusiones y pensamientos muy creativos. No se trata de ignorar o desatender, sino de ser sensibles para percibir sus necesidades intelectuales y de estar dispuestos a suplirlas, tal y como les suplimos el alimento, el techo y el vestido, no pretendiendo tenerlos todo el tiempo ocupados con tal de sosegar nuestra culpabilidad.

3. Invierte tus energías en descubrir las pautas para confeccionar una educación a la medida

No malgastes tus energías tratando de volver a los sistemas, al activismo, a la burocracia, a usar el aprendizaje como medio para enseñar responsabilidad. No te quedes en los resultados aparentes de los símbolos del aprendizaje; ve un paso más allá y piensa en los procesos internos que están tomando lugar muy profundo de cada uno de tus niños: ¿Qué resultados permanentes ves en ellos?, ¿están redescubriéndose a sí mismos?, ¿ya encontraron qué es eso que los apasiona?, ¿ya tienen alguna aspiración?, ¿están buscando sus propias respuestas?, ¿ha vuelto el deseo de aprender por puro placer?, ¿cómo está la relación entre ustedes? Las respuestas a éstas y otras preguntas te darán la pauta para saber cuál será tu propia ruta a seguir en el camino a confeccionar una educación a la medida exacta de cada uno de tus pequeños.

Usa este tiempo introductorio como una etapa de reconexión en todos los sentidos: reconexión de las relaciones entre ustedes, pero también reconexión de cada individuo consigo mismo. Da tiempo para que cada uno recupere la sensibilidad a su propia intuición, a su voz interna, a sus propios anhelos e intereses, a sus ritmos naturales. Permitan que la creatividad renazca de forma natural. Es difícil deshacernos de los paradigmas y de la inercia que nos empujan a querer decidir lo que "tienen" que aprender en qué momento y de qué maneras. Pero la única forma de contrarrestar la mentalidad de dependencia es ejercitando nuestra propia intuición. Y para darles la libertad a nuestros niños de que ejerciten la suya, es necesaria una dosis considerable de confianza.

Confía en su capacidad de encontrar su propio camino

A medida que te inviertes en conocer más a fondo a tus hijos, pregúntales cómo se ven a sí mismos, qué aspiraciones tienen, qué les gustaría alcanzar. Compárteles lo que tú ves en ellos, las formas precisas en que los valoras y disfrutas de tenerlos cerca de ti. Establezcan metas juntos, hablen de los recursos que les gustaría utilizar y hagan planes para reunir todo lo que necesitan. Confía en ellos concediéndoles la libertad de gestionar su tiempo de acuerdo a su edad y madurez. Ayúdales a que estimen el valor del tiempo que tienen en sus manos y a que de acuerdo a sus prioridades, sepan administrarlo óptimamente.

Confía en su capacidad de aprender

No les digas lo que tienen que hacer en cada momento; mejor exponles un problema y estimula su capacidad de pensar, de encontrar las soluciones, de aprender lo que necesiten en ese proceso. Muéstrales tu confianza motivándolos a que se involucren en las labores de la casa. A veces como mamás preferimos hacer las cosas nosotras solas con tal de no perder tiempo dando explicaciones o trabajando extra arreglando lo que quedó mal. Pero darle la oportunidad a tu hijo de que se sienta útil y de que aprenda, incluso si eso significa cometer errores, le muestra que tú confías en su capacidad de aprender y de dominar destrezas. Al principio tal vez muestre una actitud renuente a trabajar y cooperar, pero poco a poco y dependiendo de nuestra propia actitud y de la forma en que expliquemos los motivos de hacerlo, van entendiendo y buscando por sí mismos los beneficios de perfeccionar destrezas y moldear actitudes.

Aun cuando desde hace muchos años decidí no enviar a mis hijos a la escuela, el acto de desescolarizar mi mente todavía está en proceso, y constantemente lucho con la inercia de querer traer la escuela a la casa. Todas las mamás pasamos por allí y es un proceso totalmente natural. Solamente recuerda que la misma cantidad de confianza que tuviste para creer en tu instinto de madre, para suplir cada necesidad de tu bebé y para creer que tarde o temprano comenzaría a hablar, es la misma cantidad de confianza que requieres para creer que tarde o temprano, también será capaz de aprender todo lo que necesita para abrirse paso en la vida, guiado por su propio interés. Si tus hijos saben qué quieren lograr, hacia dónde van, cuáles son sus anhelos, y si además de eso tienen una relación muy cercana contigo, no será necesario estar afanados buscando maneras de cómo motivarlos, ya que ellos se mantendrán impulsados por su motor interno; tendrán ánimos para levantarse cada mañana y abrirse paso buscando todos los recursos necesarios para lograr sus propias metas.

No dejes que los paradigmas de nuestras sociedades viciadas debiliten tu capacidad para confiar en tu intuición y en la de tu hijo. Ármate de valor para soltarte de lo que has estado aferrada y para abrir tus alas hacia la libertad que te permitirá confeccionar una educación a la medida exacta de tu hijo. La lección más valiosa que puedes darle es la de confiar en su propia intuición y dejarse impulsar por ella para descubrir el mundo.

¿Estás lista para ponerle el ejemplo?

"La tensión es lo que crees que debes ser.
La relajación es lo que eres."
~ Proverbio chino

aprendizajeSUPRAescolar

Capítulo 9
¡Bienvenida a casa!

"La fuerza de una nación deriva de la integridad del hogar."

~ *Confucio*

Es curioso que cuando hemos tomado la decisión de no volver a enviar a nuestros hijos a la escuela, nos sintamos tan extraños de estar de vuelta en casa. Tan extraños, que es necesario dedicar todo un capítulo de este libro para hablar sobre el tema de la dinámica familiar. Vivir y crecer en familia debería ser lo más natural del mundo, pero debido a los fuertes paradigmas escolarizados de nuestra sociedad, la idea de que toda la familia esté junta, viviendo bajo el mismo techo 24 horas al día, nos parece raro, extremo y... espeluznante.

1. Vivir con tus hijos no tiene por qué volverte loca

Continuamente recibo mensajes de mamás que me piden consejos para mejorar su dinámica familiar diaria. El siguiente relato es una compilación de varias de esas consultas. No corresponde a ninguna persona en particular, pero representa la realidad de muchas mamás:

"Necesito un consejo, pues estoy a punto de darme por vencida y regresar a mis hijos a la escuela. He leído mucho, estoy convencida de que la desescolarización es lo mejor para nosotros, pero dentro de casa la realidad es otra. Tengo miles de dudas, no sé si estoy haciendo lo correcto, a veces dudo si esto es lo mejor para mis hijos. Les cuesta trabajo seguir instrucciones, me la paso regañándolos, me dicen que estudiar es aburrido. Prefiero no exigirles nada, dejar que ellos aprendan más libremente, pero entonces se la pasan corriendo y saltando de un lado para otro, desacomodando muebles, aventando almohadas, dejando juguetes por todas partes, y jamás sacan un libro o un cuaderno. Estoy yo sola con ellos, y todo el día me la paso ocupada pero de todos modos la casa siempre es un caos: la cocina llena de trastes, montañas de ropa, la comida sin hacerse... Necesito ayuda, ¡tener a los hijos en casa es una locura!"

¿Te falta una visión?

Como lo he mencionado antes, el problema más grave que yo le veo a la escolarización, es el de la dependencia que crea. El que la gente lo considere "la única opción". La escolarización es sólo un medio, una herramienta, pero la gente lo ve como "EL medio", "LA herramienta" y creen que sin ella no eres nadie o no estás educado. Sin embargo, si no somos conscientes de esa mentalidad, puede sucedernos lo mismo con la educación en casa. Muchas veces la gente decide sacar a sus hijos de la escuela, creyendo que la educación en casa por sí misma es "EL medio" o "LA solución" o "LA respuesta a sus problemas". Así que cuando se encuentran con un obstáculo, es muy fácil cuestionar si esta "alternativa" en realidad funciona o no.

El problema no es que a los niños les falta convivir con otros niños, o que la mamá está sola con ellos todo el día, o que la casa es muy pequeña o que no hay suficiente dinero para enviarlos a clases fuera de casa, o que los niños tienen diferentes edades, o que tienen problemas de aprendizaje, o que la mamá no tiene preparación académica, o que el papá casi no se involucra... El problema aquí es que, con o sin escuela, no hay una visión, un proyecto de vida para los padres primero y luego para su familia. Cuando tienes claro qué quieres construir en tus hijos, también tienes la claridad para idear la estrategia que te permita hacerlo. Por supuesto que encontrarás obstáculos y dificultades continuamente, pero cuando tienes presente tu visión, también sabes qué aspectos debes ajustar. Entonces esperas con emoción que llegue cada mañana, porque la dinámica familiar diaria se ha convertido en un proceso hacia adelante, en el que todos los días das pequeños pasitos que te llevan hacia el cumplimiento de tus objetivos, en vez de sentir el diario vivir como una carga pesada de llevar que te obliga a quedarte estancada en un ciclo de supervivencia, sin construir nada. Cuando tienes una estrategia que se deriva de tu visión para tu familia, tú determinas cuál es el estilo de vida que quieres vivir, en vez de convertirte en esclava de tus circunstancias.

A continuación te comparto algunos aspectos que a mí me ha ayudado mucho considerar en mi labor diaria de mamá y ama de casa. Estimo que estas consideraciones son útiles no solamente para quienes han decidido no llevar a sus hijos a la escuela, sino para cualquier mamá o papá que desee mantener la armonía y el enfoque en su dinámica familiar diaria.

Ten un objetivo para cada día

Es probable que sí tengas una visión, un objetivo a largo plazo para tu familia, pero cuando te encuentras en medio de las necesidades inmediatas de tus niños, del hogar, de todo lo que hay que hacer diariamente, ese objetivo parece demasiado grande, demasiado lejano, demasiado difícil de alcanzar ahora. Es mejor dividir ese gran objetivo que tienes en pequeñas metas alcanzables según la etapa en la que se encuentren tus hijos. Por ejemplo, cuando los niños son pequeñitos, tal vez tu meta sea simplemente mantener la armonía familiar. Que ellos aprendan a relacionarse correctamente unos con otros, que comiencen a cooperar en las labores del hogar y que comiencen a entrenarse en el trabajo independiente. Poco a poco puedes ir agregando metas mayores, como que aprendan a comunicarse adecuadamente, que sean responsables de algunas áreas, incluso que tengan un trabajo que les remunere económicamente y que les proporcione destrezas de administración. En México hay un refrán que dice: "De poquito a poquito se llena el jarrito". Los grandes triunfos no se logran de la noche a la mañana, sino que son resultado de muchos esfuerzos diarios durante mucho tiempo. Y cuando se trata de bebés, niños y adolescentes, con mayor razón estamos hablando de muchos años de esfuerzo, dedicación y constancia.

Una vez que tienes tu pequeña meta alcanzable para la etapa específica por la que estás atravesando, es importante que también definas qué es lo más importante para tu familia, tus prioridades, los valores que rigen tu vida; de esta forma, podrás ser congruente al definir un plan para cada día y reforzar tus palabras con tus acciones. Muchas veces los papás somos incongruentes sin darnos cuenta. Con nuestra boca decimos que deseamos que nuestros hijos lleguen a ser adultos responsables de sí mismos, que sean autodidactas, que sean creativos. Pero en el día a día, procuramos que pasen una gran parte de su día memorizando datos, siguiendo las instrucciones de un maestro, siendo responsables solamente por sus estudios y tareas, sin darles la oportunidad de hacerse cargo de su persona, de su ropa, de cooperar en las labores cotidianas de su hogar. O, por otro lado, dices que para ti es muy importante el orden y la limpieza, pero la realidad es que pocas veces te das el tiempo para mantener tu casa limpia y en orden. O quieres que no hagan berrinches, pero tú les gritas para que te hagan caso; quieres tener una buena relación con ellos, pero no te das el tiempo de escucharlos; quieres que no coman comida chatarra, pero tú no te das el tiempo de preparar comida nutritiva y hecha en casa; quieres que no se la pasen enajenados en la televisión o los videojuegos, y tú te la pasas en Facebook; quieres que sean constantes, pero tú no terminas lo que comienzas; quieres que sean autodidactas, pero a ti te da flojera investigar lo que no sabes o lo que no aprendiste bien; quieres que sean adultos responsables y autónomos, pero tú no sabes definir el rumbo de tu propia vida.

¿Cuáles son tus verdaderas prioridades?, ¿cuáles son los valores que en realidad rigen tu vida?, ¿disciplina?,

¿constancia?, ¿orden?, ¿limpieza?, ¿responsabilidad?, ¿hospitalidad?, ¿amistad?, ¿desidia?, ¿pereza?, ¿indiferencia?, ¿desorganización?... Esos valores que tus hijos absorben a través de tus acciones y actitudes son los que ellos adoptarán para regir sus vidas, no los que tratas de comunicarles a través de largos discursos. Todas las situaciones sociales en las que nos desenvolvemos tienen una estructura. Incluso cuando no existen normas o instrucciones expresas, hay una estructura tácita conformada por los valores y las prioridades de ese círculo social. La familia es una microsociedad y los niños son muy sensibles a la estructura de su entorno. Mientras más congruentes sean esas estructuras, mucho más fácil será para ellos asimilarlas e integrarse adecuadamente a su sociedad.

Cuando ya has definido tus metas a corto plazo y has identificado tus valores y prioridades más importantes, entonces es fácil levantarte cada mañana con un pequeño objetivo específico para ese día: "hoy mi objetivo es mantenerme paciente y ayudarles a resolver los conflictos amigablemente". "Hoy mi objetivo es que todos mantengamos una buena actitud para limpiar la casa", "hoy mi objetivo es hacer el súper y aprovecharlo para tener un tiempo de acercamiento", "hoy mi objetivo es practicar el ser generosos y hospitalarios con nuestros amiguitos que van a venir a visitarnos". Pueden parecer cosas muy pequeñas e insignificantes, pero en realidad están haciendo grandes aportaciones al avance general, ya que estos pequeños objetivos diarios están directamente relacionados con las metas que había establecido anteriormente, y son congruentes con mis prioridades y valores. Cuando tienes un pequeño objetivo diario en mente, puedes cumplirlo a través de cualquier actividad que realicen, sea jugar en el parque o limpiar la casa o hacer un experimento; en cambio, cuando tienes una lista de actividades por realizar (estudiar, contestar el cuestionario, hacer el experimento, revisar el documental, hacer las planas) y no las cumples, sientes que fracasaste. Lo importante no es cumplir las actividades de tu agenda, sino tener la capacidad de cumplir tus objetivos a través de todo lo que realizas en tu día normal.

Divide tu día en bloques manejables

Hace unos días me faltaban unos pesos para completar una cantidad de dinero, y vacié una caja que tenemos llena de monedas pequeñas. Cuando vi la montaña de moneditas sobre la mesa, me sentí abrumada de pensar que tenía que contar todo ese dinero; pero a medida que comencé a agrupar todas las moneditas según su valor, no fue tan difícil y en unos minutos ya sabía cuánto dinero tenía.

Esta escena se parece mucho a la imagen en mi cabeza cuando pienso en pasar todo el día con mis hijos. Muchas mamás se asustan y me preguntan: "¿pero cómo puedes pasar tooooooodo el día con tus hijos?" Pensar en doce o catorce horas juntas es como pensar en toda esa montaña de monedas. ¿Cómo tendré la paciencia suficiente para hacerlo?, ¿cómo voy a tener suficientes ideas para llenar catorce horas diarias con ellos? Suena imposible.

Aunque estamos entendiendo que los niños no necesitan un horario saturado, sino tener la oportunidad de absorber los valores y prioridades implícitas de su entorno, sí es importante que su día tenga algún tipo de estructura que les dé seguridad y estabilidad. Cuando son muy pequeños es difícil que sepan con exactitud cuáles son sus intereses o en qué quieren dedicar su tiempo, por lo que es importante ofrecerles una variedad de opciones durante su día para que vayan experimentando cosas nuevas, y también, para que nadie esté ocioso. A mí me ayuda mucho visualizar mi día fragmentado en varios bloques: el bloque de la mañana, la media mañana, el medio día, la tarde y la noche. Ya conozco los ritmos de comida y ánimo de mis hijos, así que se me facilita planear actividades generales para cada uno de esos bloques: algo de labores domésticas para el bloque de la mañana; algún proyecto y juegos al aire libre para la media mañana; refrigerio y lectura para el medio día; tal vez una visita de amigos para la tarde; y una película familiar para la noche. Entre esas actividades están las comidas, el baño y el juego libre. No es un plan rígido e inflexible, sino sólo una guía en caso de que no sepamos qué hacer. Es mejor dejar de hacer una actividad planeada porque en ese momento surge una mejor idea, que no tener nada qué hacer y tener que lidiar con conflictos debido a la ociosidad.

Elige rutinas en vez de horarios

En mi experiencia, yo he comprobado una y otra vez, que los horarios rígidos traen más limitación que dirección, especialmente teniendo niños pequeños. Después de un tiempo, te sientes esclava del horario y sacrificas la relación con los niños (que es lo más importante), por apegarte a la agenda, lo cual no tiene sentido. Dedícate a disfrutar de la vida junto con tus hijos, y poco a poco, las necesidades de cada miembro y los ritmos naturales de las actividades familiares te irán dando la pauta para seguir una rutina que te brinde tanto estabilidad como libertad.

Procura que cada actividad del día se realice más o menos a la misma hora todos los días. La edad y las necesidades particulares del niño te sirven como guía para saber a qué hora realizar cada actividad. Cuando mis hijos eran pequeños, después de ir al parque tomaban un refrigerio y luego un baño en tina, que los relajaba bastante para después tomar una siesta larga. Ahora ya no duermen siesta, así que se bañan en la noche para relajarse antes de dormir. Cuando eran más pequeños, era imprescindible llevarlos al parque inmediatamente después de desayunar para que gastaran todas sus energías y luego pudieran estar dispuestos a trabajar en otros proyectos con tranquilidad. Ahora ya no es necesario; después de desayunar podemos dedicarnos a hacer algunas labores domésticas, a avanzar en nuestros proyectos, y después vamos al parque. A veces ha sucedido que la abuela llama en medio del desayuno para invitarnos a un paseo que no estaba planeado. Debido a que todos los días seguimos nuestra misma rutina – levantarnos, vestirnos, doblar piyamas, recoger juguetes, desayunar – para esa hora ya estábamos listos y libres para aceptar esa invitación. Si no fuera así, probablemente habríamos estado todavía en piyamas, con la casa en desorden y nos habría costado más tiempo y más esfuerzo estar listos para salir.

Esto no quiere decir que todos los días debas hacer las mismas actividades religiosamente, sin dar espacio a cambios o eventos inesperados. Si un día nos levantamos cansados porque el día anterior salimos de excursión, pues nos tomamos el día y no hacemos mucho. Si un día un niño tiene demasiadas preguntas e inquietudes, sopesamos qué tanto puede esperar como para hacer las labores primero, o si es demasiado urgente, pues lo atendemos primero y hacemos que las labores esperen un poco. Es cuestión de criterio. Esa flexibilidad también nos permite extendernos o terminar antes cualquier proyecto, según se requiera. El propósito de vivir por rutinas en vez de por horarios es, precisamente, el gozar de flexibilidad cuando sea necesario.

Por otro lado, me gustaría señalar que aquí también, nuestra intuición como padres juega un papel muy importante. Cuando los niños son pequeños, necesitan límites más estrechos ya que todavía no son capaces de identificar con precisión cuáles son sus verdaderas necesidades, ni de hacer buenas elecciones. Un bebé puede estar exhausto y aun así negarse a ir a la cama porque dice querer seguir jugando. No podemos dejar que "él decida lo que quiere". Como adultos y como sus padres que lo amamos y lo conocemos bien, debemos ayudarle siguiendo nuestra intuición y dándole lo que verdaderamente necesita. A final de cuentas lo valioso que estamos aprendiendo es a no venerar el reloj o las labores en sí mismas, sino a establecer prioridades, a saber darle la importancia a cada persona y a cada actividad, y a saber adecuarse a ello.

Provee una ocupación para todos.

La ociosidad es la madre de todos los vicios, y que los niños estén ociosos no es la excepción. Anteriormente mencioné que los niños necesitan libertad para aburrirse, ya que de esta manera su cerebro asimila experiencias pasadas a la vez que les damos la oportunidad de que ellos mismos decidan en qué emplear su tiempo. Sin embargo, la ociosidad no es lo mismo que el aburrimiento. Según el diccionario, el aburrimiento es cansancio, fastidio, tedio; mientras que la ociosidad es el vicio de no trabajar, perder el tiempo o gastarlo inútilmente. El aburrimiento nos puede ocurrir a todos en diferentes momentos, pero la ociosidad muestra que no hay dirección ni rumbo o que los niños están abandonados. Tener niños ociosos en la casa es un ingrediente perfecto para que la dinámica familiar se torne en caos.

A medida que mis hijos fueron creciendo, procuraba que siempre hubiera al menos un rato de "actividades" en el que todos debíamos estar sentados alrededor de la mesa durante un rato (no más de quince minutos), y en el que cada quien trabajaba en alguna actividad de su elección. Cuando eran pequeños los sentaba en su sillita con cinturón y les daba objetos interesantes para manipular. Siempre he tenido un mueble con mucho material detrás de la mesa del comedor; cuando los niños ya podían caminar, ellos mismos iban y sacaban los materiales de su elección para trabajar: un rompecabezas, un set de cosas para armar, regletas cuisinare, un cuaderno para dibujar, plastilina, un fólder hecho por mí, un libro de ejercicios, etcétera. Yo me convierto en "facilitadora", observando lo que hacen y ayudándoles cuando lo necesitan.

Este ritual diario ha sido bastante útil, ya que cada vez que un niño anda por allí dándose vueltas o molestando a los demás, yo le pregunto "¿qué vas a hacer?, ¿en qué vas a trabajar?", y eso basta para que vaya a escoger algo de material y se ocupe en algo. Si no se le ocurre nada, lo dejo que se quede un ratito en el sillón pensando, pero sin molestar a los que sí están trabajando. Como el aburrimiento es insoportable, no pasan más de unos cuantos minutos hasta que se le ocurre algo qué hacer. Actualmente, mis hijos tienen 6, 5 y 3 años, y pueden estar la mayor parte del tiempo ocupados en diferentes actividades, sin molestar a otros ni hacer ruido. De hecho, mi marido trabaja en casa y tiene la libertad de hacer llamadas y trabajar tranquilamente, sin interrupciones.

Concédele tu atención íntegra a cada actividad

Hace unos días leí un proverbio zen que me gustó mucho: "Cuando camines, camina; cuando comas, come". Un recordatorio de realizar cada actividad totalmente presentes, no con la mente vagando en otros sitios. Personalmente, yo batallo mucho con este aspecto. Cuando estoy con mis hijos, mi mente trata de "aprovechar" el tiempo trayendo temas, pendientes y asuntos que no están relacionados con lo que estoy haciendo en ese instante. Pero tratar de hacer dos o tres cosas a la vez puede ser mentalmente doloroso, además de que los niños pueden percibir que no les estás prestando tu atención completa a ellos. Queriendo hacer mucho, no hacemos bien ni una ni otra cosa.

Muchas veces me he dado cuenta de que mi irritabilidad con mis niños surge de mi afán de querer abarcar muchos proyectos; entonces comienzo a percibir a mis hijos como las distracciones eternas que me impiden realizarlos. Es verdad que como mujeres somos muy capaces y tenemos la habilidad de ser multitarea, pero si tú te das cuenta de que tu proyecto o tu emprendimiento te está robando tu paz y te está apartando de tu prioridad más importante, que son tus hijos, sé consciente y haz algo al respecto. Organízate mejor. Ponte horarios bien definidos en los que no les quites tiempo a los niños y usa un temporizador. Y en el último de los casos, déjalo para cuando tus niños sean mayores y no requieran tanta atención. Es preferible que te inviertas de lleno en suplir sus necesidades presentes y en formar una estructura sólida en ellos, y que después tengas el tiempo y la tranquilidad para dedicarte de lleno a tus propios proyectos. Recuerda: primero lo primero.

2. Profesionalízate en la administración de tu hogar

¿Alguna vez has sentido todo el trabajo doméstico como esa gran piedra rodando detrás de Indiana Jones? Yo sí. Muchas veces. Todas esas pequeñas tareas que se han quedado sin completar comienzan a crecer y a rodar hasta que se convierten en una gran avalancha de necesidades urgentes que se te viene encima. Las labores domésticas sí deben "rodar" pero no encima de ti aplastándote; sino que a través de rutinas y sistemas que funcionen automáticamente, sean como ruedas de carro que te permitan avanzar y ser más eficaz.

En una ocasión una amiga lo expresó de una forma muy acertada: "debemos profesionalizarnos en nuestro hogar". Si estuvieras en una empresa y te asignaran un área o un proyecto, estoy segura de que emplearías todas tus energías y talentos para buscar las mejores formas para realizar tu trabajo eficientemente. Pues ahora tienes en tus manos uno de los proyectos más importantes de tu vida: nutrir y criar vidas. ¿De qué formas puedes profesionalizarte en este proyecto tan importante para ser cada vez más eficiente?

Asume tu responsabilidad y toma el control

Cuando nos encontramos luchando con nuestra función presente, desperdiciamos tiempo y energías valiosos en sentirnos deprimidas o frustradas o de mal humor por lo que nos toca hacer. Asume tu responsabilidad en esta área y disfrútala pensando en que tú tienes la capacidad suficiente para hacerlo. Las mujeres podemos ser muy eficientes en múltiples áreas a la vez sin que se nos escape nada. Es la característica perfecta para administrar un hogar. En vez de deprimirte porque "sólo" eres una ama de casa, piensa que nadie más podría hacer ese trabajo tan bien como tú, y en cómo puedes potenciar todas tus habilidades y talentos para crear una atmósfera de eficiencia, orden y armonía que les beneficie a todos los miembros de tu familia.

La mejor forma de asumir tu responsabilidad y ser eficiente en lo que haces es teniendo el control por completo. Por supuesto que los demás miembros de la familia pueden participar y ayudar, pero cuando hay una sola persona que toma las decisiones, que sabe lo que hay en las alacenas, lo que hace falta en el refrigerador, lo que se va a comer durante la semana, cuál ropa debe lavarse cada día, y cómo se usan todos los aparatos, y cuando esa persona eres tú, te será mucho más fácil mantener el orden y saber cómo aprovechar la disposición de los demás miembros para colaborar y contribuir.

En cualquier empleo tendrías tu escritorio en orden y buscarías tener materiales adecuados: computadora, hojas, lápices, etcétera, para hacer tu trabajo eficientemente. Pero imagínate que no tuvieras una oficina propia y todos los días tuvieras que pedir una oficina prestada; seguramente perderías bastante tiempo en encontrar dónde están las cosas, conseguir los materiales necesarios y poner todo en orden. Lo mismo sucede cuando no estás "al tanto" de lo que sucede en tus áreas clave de trabajo. Mientras más conectada y enterada estés de lo que sucede dentro de esas áreas, más eficiente eres, e incluso tienes la perspectiva completa para saber cómo delegar tareas o aceptar la ayuda de otros. Evalúa cuáles son las áreas clave de tu casa en donde debes tomar el control – en mi caso, es la cocina y la lavandería – y luego tómate el tiempo para revisar tus herramientas, utensilios, cazuelas, electrodomésticos. Ve qué cosas ya no funcionan y tíralas; ordena tus espacios para que todo quede accesible y al alcance; consigue lo que te hace falta; y mantente con una mentalidad abierta y dispuesta para adquirir nuevas destrezas continuamente para ser más eficiente en cada tarea.

Define cuáles son tus prioridades y cíñete a ellas, pase lo que pase.

Todos tenemos prioridades – seamos conscientes o no – y vivimos de acuerdo a ellas. Por ejemplo, por más desveladas, cansadas o abrumadas que nos sintamos, jamás saldríamos a la calle sin ropa. Aunque estés enferma o aunque el bebé no te haya dejado dormir toda la noche, de alguna manera encontrarás la forma de vestirte antes de salir, ya que salir vestida es una prioridad fundamental. De igual manera, es importante que definas algunas prioridades fundamentales en tu casa que nunca deberás pasar por alto aunque sean vacaciones o estés enferma o te sientas demasiado abrumada. Es precisamente eso lo que hará que la "roca" no se te venga encima y te haga sentir aun más deprimida.

Para mí, la prioridad doméstica más importante, es que mi cocina siempre esté recogida. No importa si la sala y el comedor están llenos de juguetes o materiales o incluso ropa, pero si no hay platos sucios en el fregador, si no huele a comida y si la cocina está despejada para poder trabajar allí en cualquier momento, eso ejerce una gran diferencia en mi estado emocional y mental. Otra prioridad importante es dejar todo en orden antes de ir a la cama. Antes de apagar todas las luces nos cercioramos de que la cocina esté limpia y despejada, que no haya juguetes o cosas fuera de su lugar en la sala y el comedor, y que no haya ropa, juguetes o zapatos fuera de su lugar en las recámaras. Nos toma unos quince minutos dejar todo en orden, pero al día siguiente ese pequeño esfuerzo significa un gran avance al no iniciar el día en zona de desastre.

Cuando estamos bien convencidos de nuestras prioridades, no es necesario convencer a nuestros hijos, ya que ellos absorben lo que es importante para nosotros naturalmente y poco a poco esas mismas prioridades se convierten en las suyas también. A veces, durante el desayuno surge una gran idea para hacer juntos, y en cuanto terminan su comida los niños ya están ansiosos por comenzar; entonces, con la misma emoción y entusiasmo que ellos tienen, yo les contesto: "¡Sí, hay que comenzar!, pero acuérdense de que primero hay que dejar todo en orden, así que ayúdenme para terminar pronto y ya irnos" De esta manera yo les transmito la idea de que aunque tengamos muchas ganas de hacer algo, por más importante que sea, primero es lo primero, y nuestra prioridad como familia es dejar todo limpio antes. Además, si lo hacemos juntos no debe tomarnos más de quince minutos; después ya quedamos libres para dedicarnos de lleno a otras cosas, y satisfechos de comenzar a trabajar en una casa limpia y en orden. Incluso he notado que muchas veces los niños se sienten incómodos con el tiradero y ellos solitos van y ayudan a recoger sin que nadie les diga nada. ¿Cuáles son tus prioridades domésticas?

Crea sistemas que te liberen de tiempo.

Aunque no tengas horarios estrictos para las actividades de los niños o para el estudio, tú sí debes agilizarte y crear sistemas de organización que permitan que la dinámica familiar fluya más suavemente. Si quieres estar relajada y contenta, tu espacio debe ser cómodo y estar limpio. ¿De qué te sirve estar muy relajada haciendo experimentos e investigaciones con los niños si cuando llega la hora de la comida no hay nada en la mesa y entonces tienes que correr y estresarte? Una vez que has decidido cuáles son las tareas prioritarias que te darán el impulso inicial para que todo comience a girar, debes crear sistemas que te permitan mantener ese ritmo sin hacer un esfuerzo sobrehumano cada día. Si tú ya estás habituada a mantener todo en orden y funcionando, es más fácil encajar a los niños en ese ciclo, que esperar a que ellos se integren cuando todo está desordenado y no hay un rumbo definido.

Por ejemplo, ya que mi prioridad es que mi cocina se mantenga recogida siempre, yo he diseñado un sistema a base de pequeñas rutinas durante el día que me permiten lograrlo: Una noche antes me cercioro de que la cocina quede recogida: platos lavados, y superficies y pisos despejados y limpios. Ésa es la primera rutina, pues tiene una repercusión importantísima al día siguiente. Luego, en la mañana vuelvo a repetir la rutina después del desayuno, lo que no me lleva más de diez minutos, considerando que la cocina estaba limpia desde una noche antes. Un rato más tarde, cuando los niños están ocupados en alguna actividad, me tomo dos o tres minutos para guardar la loza del desayuno que ahora ya está seca; ésa es la siguiente rutina que me deja la cocina totalmente despejada y lista para lo que sigue. Entre el desayuno y la comida siempre hay refrigerios, así que cada vez que se usa un vaso o un plato, me cercioro de que se laven en ese momento, lo cual no debe tomar más de cuatro o cinco minutos. La siguiente rutina es la de lavar todos los utensilios que uso mientras que estoy cocinando. Si dejo que se acumule todo hasta que terminemos de comer, se duplicaría el tiempo para lavar trastes, por lo que prefiero ir lavando cada cosa que voy usando en cuando la voy desocupando. Si uso la licuadora, una tabla de picar, una cazuela, lo que sea, todo se lava en ese momento; así, para cuando la comida está lista, la cocina sigue recogida. Después de comer, mi rutina se limita a lavar los cinco platos, cinco vasos y cinco cubiertos que usamos, despejar y limpiar todas las superficies, limpiar la estufa y barrer el piso, lo cual no me toma más de treinta minutos. En la tarde, mientras que los niños arman un rompecabezas o juegan, vuelvo a tomarme unos cinco minutos para guardar la loza seca y así dejo todo listo para la cena. Y por último, después de cenar viene la última rutina – o la que sería la primera para el día siguiente – que tampoco me toma más de diez minutos.

Si un día dejara de realizar todas esas pequeñas rutinas, tendría que emplear varias horas para hacer todo el trabajo acumulado, lo que seguramente tendría una repercusión importante en mi estado de ánimo y el ambiente familiar. De ahí la importancia de tener pequeñas rutinas que me permitan mantenerlo todo funcionando en un ritmo muy conveniente.

Piensa en tus prioridades en todas las áreas de tu hogar (lavandería, cocina, menús, recámaras, baños, actividades académicas, etcétera), y luego conviértelas en objetivos que puedas lograr a través de pequeñas acciones durante el transcurso del día.

Incluye a tus hijos en las labores domésticas

Profesionalizarte en la administración de tu hogar no significa que tú debes ser "la mujer orquesta" que hace todo para todos. Es imposible que una sola persona pueda hacer todo el trabajo de cinco o seis personas. Bueno, en realidad no creo que sea imposible. De hecho, sí creo que hay mujeres que tienen la capacidad de hacerlo, pero probablemente, pagando el alto costo de vivir bajo mucho estrés o contar con poco tiempo libre para pasar tiempo disfrutando con los niños. Las responsabilidades de la casa pueden hacerse mucho más ligeras y llevaderas si todos los miembros de la familia participan; además de que esa participación les ofrece ricos beneficios a todos.

Muchos consideramos materias como el inglés, sumamente importantes, porque "les abrirán puertas" a nuestros hijos, y aunque es verdad, yo creo que una actitud dispuesta, servicial, diligente y responsable, les abre muchas más puertas que el puro conocimiento académico. Si hay actitud, es muy fácil adquirir el conocimiento; pero sin actitud, el conocimiento no sirve de nada. A veces he llegado a pensar que la limpieza es una actividad aburrida, monótona y repetitiva que no tiene por qué quitarnos el tiempo, y he querido contratar a alguien que se encargue de eso, para que yo pueda dedicarme a lo "importante". Sin embargo, luego pienso que puede ser una oportunidad de que los niños aprendan muchas destrezas valiosas, sin necesidad de inventar situaciones artificiales, ni comprar materiales costosos ni pagar maestros particulares. La mugre siempre está allí, y en vez de verla como carga, estoy comenzando a verla como "material educativo": las labores domésticas son un gran recurso para enseñar actitudes y destrezas; además de que son un excelente medio para propiciar conexión con los niños.

Si cada niño sabe que se espera algo específico de él, obtiene un sentido de responsabilidad y también de importancia, al saber que es digno de confianza y que su trabajo beneficia a su sociedad más próxima. Existe un sinfín de actividades en las que los niños pequeños pueden ayudar en casa aliviando un poco la carga de trabajo para los papás y sintiéndose útiles e importantes a la vez: guardar juguetes, echar la ropa sucia a la canasta, separarla por colores, guardar y acomodar zapatos por pares, guardar las naranjas en una cubeta, doblar toallas, encontrar pares de calcetines, doblar piyamas, quitar las sábanas de las camas para lavarlas, sacudir los muebles, acomodar rollos de papel en el baño, limpiar las paredes y las ventanas, acomodar los discos compactos en sus cajas, poner la mesa antes de comer, poner servilletas en el servilletero, rellenar los despachadores de jabón, limpiar el arenero del gato, sacar la basura, lavar verduras, acomodar trastes limpios y secos en la alacena, ayudar a cargar las bolsas del súper... Sé creativa para encontrar tareas en las que tus hijos puedan colaborar, según su edad y madurez.

La manera de obtener cooperación de los niños no es a través de gritos, golpes o premios y castigos. Tu autoridad natural es clave. Ellos querrán involucrarse en lo que es importante para ti, en la medida que tú quieras involucrarte en lo que es importante para ellos, y en la forma en que tú comuniques la importancia de mantener la casa limpia: es un beneficio para todos, y también es una responsabilidad de todos. Mientras más pronto lo hagamos, más pronto gozaremos de otras actividades, y si lo hacemos juntos, podemos hacerlo más rápido. Por otro lado, también es clave saber decidir en cuáles tareas domésticas involucrar a los niños y en cuáles no. A veces es prioritario que el trabajo se realice rápidamente, y a veces es prioritario que el niño participe y se sienta útil. Depende de la tarea, de las circunstancias y del niño.

Mantener un hogar con niños a bordo es todo un proyecto que requiere de mucha paciencia y flexibilidad para aceptar que no siempre las cosas pueden ser perfectas, y para enfocarnos más en los logros internos de cada personita, que en el aspecto externo de las cosas. A final de cuentas, la casa siempre se vuelve a ensuciar y el quehacer jamás termina, pero tú tienes la decisión de convertir esas tareas monótonas en un gran beneficio que dure para toda la vida.

Agilízate.

En México tenemos un dicho popular: "la carga hace andar al burro", y yo he comprobado que en mi experiencia, este dicho es totalmente verdadero. Cuando recién me casé y comencé con las labores del hogar, me sentía abrumada, no me alcanzaba el tiempo para hacer todo lo que quería, y la simple idea de tener un bebé me llenaba de ansiedad pensando cómo podría con todo. Unos meses después de que mi primer bebé nació, descubrí que podía hacer mucho más de lo que hacía siendo soltera, y para cuando llegaron mi segundo y mi tercer bebé, la lista había crecido todavía más. La necesidad de atender a mis bebés además de la casa, me obligó a agilizarme en mis labores y a hacerme más práctica en todo.

Busca de qué maneras puedes agilizarte en tus tareas diarias. Cuando somos perfeccionistas, tendemos a dedicarle demasiado tiempo a una sola tarea porque queremos que quede muy bien hecha. No se vale desentendernos de los niños para invertir demasiado tiempo en la limpieza, pero tampoco se vale estar dejando todo siempre a medias y decir que los niños nos distraen. Por ejemplo, la costumbre de estar posponiendo siempre los platos sucios se deba a que también quieres limpiar y ordenar las alacenas, y como nunca tienes tiempo suficiente para hacerlo, entonces dejas los platos sucios. Agilizarte significa hacer sólo lo indispensable rápidamente y bien hecho. En este momento solamente dedica diez minutos a lavar los platos y sólo eso, mientras que tu bebé juega con un rompecabezas; agilízate para que lo termines todo en diez minutos y luego te vayas con él. Después, en otros diez minutos libres que tengas, vienes y limpias una parte de la alacena y te agilizas para que lo termines en ese tiempo. No dejes que se te acumule el trabajo por buscar perfección. Agilízate y utiliza cada minuto disponible para avanzar en algo, por muy pequeño que parezca.

No te distraigas.

Las mamás muchas veces decimos que los niños nos distraen de hacer algunas tareas (especialmente las que nos dan flojera). No estoy diciendo que somos flojas, pero sí digo que cuando realmente queremos hacer algo, entonces buscamos la manera de hacerlo y lo hacemos a como dé lugar. Como ya lo dije antes: no se vale desatender a los niños por afanarnos con la limpieza, pero tampoco se vale estar posponiendo todo y vivir en el caos poniendo de pretexto a los niños.

Si tienes el hábito de agilizarte en tus tareas, no necesitas más de diez minutos para hacer una actividad bien hecha y completa, como lavar los platos o barrer el comedor. Un bebé puede estarse ocupado con cositas atractivas durante diez minutos, lo cual te permite mantener la casa en orden sin descuidar a tu bebé. Cuando un niño más grandecito me interrumpe en medio de una labor, le digo que en ese momento no puedo ir porque tengo las manos llenas de jabón y le pido que me espere un momento. Casi nunca tienen que esperar más de cinco minutos, y sí me gusta hacerlo (no todo el tiempo, pero sí de vez en cuando), porque eso también les enseña a ellos a esperar su turno al mismo tiempo que yo modelo cómo es que uno se dedica a realizar una actividad hasta que está totalmente terminada, sin dejarla inconclusa una y otra vez.

Levántate temprano.

"Pero tengo niños chiquitos" quizás estés pensando. Cuando se tienen bebés que despiertan varias veces en la noche, es un gran logro levantarse por la mañana. Procurar nuestro descanso también es prioritario, ya que de ello depende mucho de nuestro estado de ánimo durante el día. A lo que yo me refiero con levantarte temprano es a ganar tiempo antes de que los demás despierten, para que estés lista tú primero y tengas la libertad de ayudarles a los demás. Yo soy una persona muy dormilona y me cuesta mucho trabajo levantarme temprano; pero cuando decido quedarme un rato más en la cama, sufro las consecuencias después, cuando mis hijos se levantan antes que yo, comienzan a pedir comida o ir al parque, y yo no estoy vestida, las camas están sin hacerse, hay juguetes por todas partes, la lavadora no está funcionando todavía... No sé ni por dónde comenzar. Veo "la gran roca" aproximarse hacia mí. En cambio, cuando yo me levanto antes que ellos, tengo tiempo suficiente para dedicar un rato a avanzar en mis proyectos, a vestirme con calma, a hacer mis labores y entonces estoy lista para ayudarles a los niños a alistarse ellos y hacer sus labores, y luego todos tenemos tiempo libre para trabajar o jugar.

Tú debes decidir cuánto tiempo de anticipación necesitas o puedes tolerar, y eso varía conforme los niños van creciendo y tú comienzas a descansar más por las noches. Cuando mis tres hijos tenían menos de tres años, dormía unas cuantas horas durante la noche y solamente podía levantarme unos diez o quince minutos antes de que ellos despertaran. Yo me agilizaba para alcanzar a vestirme y tender la cama en ese momento, y esa pequeña ventaja significaba un gran avance después. Pero desde que el más pequeño comenzó a dormir toda la noche de corrido, yo también comencé a hacerme el hábito de levantarme más temprano. Me costó muchos meses de práctica, pero ahora gozo del hábito de levantarme tres horas antes que todos, bien descansada y fresca, para dedicarme a mis proyectos.

Optimiza tu tiempo.

Por otro lado, también es posible utilizar todos esos pequeños momentitos "muertos" en los que, aunque estamos presentes, no estamos participando activamente y tal vez sólo estamos utilizando nuestra cabeza (cerebro, oídos, boca), pero las manos están sin hacer nada, como cuando los niños están jugando entre ellos o muy concentrados en una actividad, o viendo un video, o en la cocina esperas a que algo se cocine, o cuando tu mamá te llama por teléfono. Esos pequeños minutos, bien aprovechados pueden libertarte de mucho tiempo después. Ir a revisar la lavadora, lavar los trastes que usaste para cocinar, guardar las cosas que acabas de traer de la tienda, quitar los platos del escurridor, doblar las toallas, son pequeñas acciones que no toman más de dos minutos cada una y pueden hacerse en pequeños ratitos sin dejar que todo el trabajo se acumule y sea necesario emplear horas más tarde.

He constatado la regla de que lo que me toma un minuto ahorita me tomará diez minutos al rato y así sucesivamente. Tomar la decisión de realizar pequeñas acciones en el momento en que tenemos el impulso de hacerlas es difícil, pero también significa un gran avance en el logro total del día. A veces nos da flojera o se atraviesa algo más en el momento, y entonces, más tarde significa el doble o el triple de trabajo, como cuando te acuerdas a las diez de la noche que no echaste la ropa a la secadora y tienes que enjuagarla otra vez. En cambio, si lo hubieras hecho al medio día cuando tuviste el impulso de hacerlo, a las diez de la noche ya tendrías la ropa seca y hasta doblada.

Mírate en el espejo antes de ponerte enfrente de tus hijos

La dinámica cotidiana no tiene por qué ser una gran roca que nos aplaste continuamente, sino un ciclo dinámico y lleno de energía que nos lleve un pasito adelante cada día en nuestro objetivo final, que es el que nuestros hijos descubran su identidad, que sean capaces de asumir su propia responsabilidad en cada área de su vida y que puedan integrarse a la sociedad adecuadamente. Pero todo comienza con tu actitud. La mamá es el termómetro de la atmósfera familiar. Si tú estás bien, todos estarán bien; pero si tú no lo estás, los demás tampoco lo estarán. La forma en como te ves a ti misma y lo que piensas acerca de la función que estás realizando en este momento de tu vida es determinante en tu actitud diaria. La actitud que tú muestres determinará la calidad de la atmósfera familiar. ¿Cómo te ves a ti misma?

Puedes escoger verte como la sirvienta de todos, o como una víctima del rol que la sociedad te impuso, o como la persona equivocada para desempeñar esta función ya que no tienes la capacidad para hacerlo, o como una gran ejecutiva que anhela salir al mundo pero que se encuentra atrapada en las tareas de ama de casa y debe liberarse en la primera oportunidad. O también puedes verte a ti misma como la persona que puede desempeñar esta función mejor que nadie, ya que tienes todas las características y capacidades ideales para realizarla; puedes verte como una mujer plena, satisfecha, empoderada de todas las áreas de su vida, con suficiente bienestar que se derrama hacia otros; puedes verte como la profesionista con la ocupación más importante de la sociedad: producir ciudadanos de bien; puedes verte como una persona profundamente afortunada, ya que tienes la dicha de estar cerca de tus hijos; dicha de tiempo limitado, pues tus hijos sólo estarán contigo 20 ó 25 años y después de eso, todo quedará en recuerdos.

Las funciones que debes realizar siguen siendo las mismas, pero el tipo de actitud con que las enfrentas hace una gran diferencia. ¿Cómo deseas verte a ti misma?, ¿cuál es la actitud que escogerás para vivir cada día?

Primero vas tú

Siendo tú el principal libro de texto de donde tus hijos tomarán sus lecciones más importantes, sí que debes estar preparada. Tomar un curso de matemáticas o de física es irrelevante, pero lo que sí tiene mucha relevancia es que te cerciores de que tú estés bien primero para que los demás miembros de la familia estén bien después. Hace unos días me platicaron de un accidente que hubo en una plataforma petrolera. Hubo una fuga de un gas venenoso, y a pesar de todas las instrucciones que continuamente se les dan a los operarios de ponerse la máscara de oxígeno antes de intentar hacer cualquier cosa, el hombre que estaba operando la grúa quiso salvar la maniobra antes de soltar la palanca para ponerse la máscara, pero en dos segundos cayó muerto. Ni salvó la maniobra, ni salvó su vida.

Recientemente aprendí la diferencia entre un líder y un dictador: *El dictador impone el cambio; el líder es el epicentro del cambio.* Tomar el control no significa forzar a los demás a que hagan lo que yo quiero; tomar el control significa estar todo el tiempo al pendiente de mis propias emociones. Verificar qué les estoy transmitiendo a los niños con mi espíritu, alma y cuerpo, más que con mis palabras o instrucciones. Si yo estoy bien por dentro y si la relación que he creado con mis hijos es sólida, ellos no tendrán otra opción que sentirse fuertemente atraídos a mí, naturalmente. Como mamás, muchas veces nos olvidamos de nuestro propio bienestar. Queremos abarcarlo todo, nos exprimimos hasta la última gota para darnos a los demás, hasta que llega el momento en que una crisis es inevitable. Tú tienes que descubrir qué necesitas para estar bien tú, y después, poder funcionar adecuadamente como un epicentro de cambio. El cambio empieza en tu interior. Si no empieza allí, tampoco puedes producir cambios duraderos en la vida de tus hijos. Todo lo que trates de enseñarles se quedará en lo externo y con el tiempo, también caerá. No puedes dar lo que no tienes primero. No puedes ayudarles a tus hijos a que descubran su identidad si no has descubierto la tuya primero; no puedes enseñarles a que resuelvan los conflictos entre hermanos si tus relaciones con otras personas están deterioradas; no puedes exigirles que sean diligentes en sus deberes si tú no lo eres con los tuyos. Enfócate en lo verdaderamente importante, en tu actitud. Mantener el buen humor y la armonía cuando hacemos actividades agradables es fácil, no tiene gracia. Pero hacerlo cuando se tienen que realizar actividades no tan agradables, es el verdadero reto. Ésa es una de las lecciones más valiosas que les enseñaremos a nuestros hijos: a mantener una buena actitud en medio de cualquier circunstancia.

"–Me temo que sólo soy ama de casa–

Con tanta frecuencia escuchamos esta estremecedora confesión. Temo decir que cuando la escucho me siento realmente enfurecido. Sólo una ama de casa: sólo una experta de una de las dos profesiones más nobles (la otra es la de agricultor); solamente la señora de un enorme acervo de altas y variadas destrezas y custodia de la mismísima civilización.

Sólo una secretaria, ¡tal vez! Sólo la directora de una empresa; una física nuclear; sólo una abogada; ¡sólo la presidenta!

Cuando una mujer dice que es ama de casa, debería decirlo con el máximo orgullo, pues no existe nada más alto en este planeta a lo que ella podría aspirar".
~ John Seymour

Sección 5

Actividades y Materiales

aprendizajeSUPRAescolar

Capítulo 10
Aprendizaje sin escuela

"La auto-educación es la única educación posible;
el resto es mero barniz sobre la superficie de la
naturaleza del niño"

~ Charlotte M. Mason

Creo que el aspecto que más preocupa a los padres que recién han decidido desescolarizar a sus hijos, es todo lo relacionado con el estudio académico. "¿Cómo sabré lo que deben aprender?, ¿cuáles materiales debo escoger?, ¿seré capaz de enseñarles yo?..."

Una vez que hemos decidido cambiar de paradigma educativo, nuestra perspectiva y nuestros motivos para el estudio y el aprendizaje también cambian. Entonces nos damos cuenta de que la razón de acercarles recursos educativos, acompañarlos, motivarlos a que exploren, que conozcan, que vivan nuevas experiencias, obedece simplemente a nuestro deseo de que puedan descubrir y potenciar sus habilidades únicas.

1. Explora los recursos a tu alcance

Existen incontables recursos a nuestro alrededor de los que podemos echar mano en este proceso de que los niños descubran y potencien sus habilidades. Ahora con el fácil acceso a internet, esas posibilidades incrementan a pasos agigantados día con día. Cada vez se vuelve más absurdo el afán de conocer y memorizar datos. Todos tenemos acceso a la información instantáneamente, pero no todos sabemos qué hacer con ella, y eso es precisamente lo que debemos tener en cuenta al acompañarlos en su aprendizaje: que estén preparados para recibir, procesar, manejar y producir adecuadamente la información, y sobre todo, que a través de esos procesos, descubran y potencien sus habilidades únicas.

En cuanto a los recursos disponibles, no quisiera dedicar este espacio a mencionarlos o a hacer listas, porque existe información suficiente para llenar libros enteros. Sólo es cuestión de que te sientes una tarde con calma y hagas una búsqueda en Google con palabras como: *"actividades educativas para niños"*, *"recursos para homeschoolers"*, *"homeschool curriculum"*, *"cursos en línea"*, *"imprimibles"*, *"file folder games"*, *"lapbooks"*, *"educajas"*, y todo lo que se te ocurra por el estilo. Te sorprenderás del océano de posibilidades al alcance de tus dedos. Pero lo que sí me gustaría mucho compartir contigo en este capítulo, son algunas pautas que te ayuden a decidir cuáles recursos son los mejores para tu familia y cómo emplearlos. Debes saber que cada familia atraviesa por procesos únicos y distintos a los de los demás. Todos pasamos por distintas etapas, por subidas y bajadas, por ciclos de experimentación y adaptación muy necesarios para encontrar cuál es nuestro estilo único, nuestra mejor forma de trabajar. Así que no esperes encontrar la "fórmula perfecta" en las primeras semanas que tus hijos estén en casa. Disponte a conocerlos profundamente y poco a poco, ellos te irán mostrando el camino que debes seguir.

El dilema de elegir un currículo

Algunas familias utilizan currículos prefabricados. Con esto me refiero a que compran métodos de alguna organización, que incluyen una guía para padres y el material para cada niño por grados, (libros de trabajo, audios, cd's para computadora, etcétera). Existe una gran variedad de estos materiales: los hay de distintas filosofías, corrientes, religiones, y también varían en costos, en metodologías y en modalidades. Algunos de estos programas son físicos (te envían todo el material hasta tu domicilio), y algunos son virtuales (te inscribes y haces todo en línea). Algunos de ellos incluyen las evaluaciones y te expiden algún certificado oficial. Otros no; solamente te ofrecen los contenidos, y tú te encargas de ir a presentar los exámenes dependiendo de la certificación que quieras obtener.

Muchas familias usan el currículo como su guía. Lo siguen al pie de la letra durante horarios bien establecidos y cumplen con todos los requisitos en las formas y tiempos estipulados. Otras familias lo utilizan solamente como un apoyo. Dedican un tiempo diario para revisar los contenidos, pero van profundizando y complementando con otros materiales, salidas, actividades, experimentos y demás, aquellos temas que les parezcan más interesantes o que estén relacionados con las habilidades específicas de sus hijos; y pasan más rápido por aquellos temas que no resulten tan atractivos. Algunas otras familias utilizan el currículo para perfeccionar algunas áreas muy específicas, como matemáticas u ortografía, y solamente en momentos determinados.

Cuando recién estamos considerando la opción de desescolarizar, es difícil saber a ciencia cierta si deberíamos usar un currículo o no. Tener un objetivo en mente, facilita el proceso de decidir si realmente lo necesitas, para qué áreas y qué uso le darás. Por lo que antes de ponerte a investigar qué opciones existen, yo te sugiero que te sientes a definir qué quieres. Es sano que lo hagas, para que no te dejes llevar por diferentes corrientes o posturas, o lo que otras mamás hacen en sus blogs. Es muy probable que para este momento ya tengas una idea clara de lo que quieres para la educación de tus hijos. Ahora sólo es cuestión de convertirlo en metas alcanzables y en acciones prácticas que puedas realizar diariamente para llegar hasta donde quieres. Puedes hacerte algunas preguntas a ti mismo que te ayuden a descubrir qué es lo que quieres: ¿Qué quiero lograr?, ¿qué tipo de adultos quiero que sean?, ¿qué habilidades quiero que desarrollen?, ¿quiero que obtengan un certificado?, ¿para qué?, ¿quiero ayuda para materias específicas como español y matemáticas?, ¿quiero un programa para otras materias como música y arte?, ¿por qué?, etcétera.

También debes tener en cuenta que todos los recursos y herramientas que elijas deben servirte a ti, en vez de que tú te conviertas en servidor de ellos. Si lo que tú quieres es una guía que te lleve de la mano, puedes usarlo así. Pero considera que muy probablemente encontrarás resistencia en tus hijos y que llegará el punto en que sientas que tienes la escuela en la casa. Lo mejor es usarlo como una andadera: un apoyo que está allí hasta que tus piernas son lo suficientemente fuertes como para prescindir de él.

Certificaciones oficiales ~ ¿realmente las necesitas?

Los humanos tenemos una necesidad natural de aferrarnos a algo para sentir que lo que hacemos tiene validez. Si tenemos la impresión de que lo que estamos haciendo no está bien o no es aceptado por la sociedad o no tiene la validez suficiente, nos da temor continuar haciéndolo. La documentación escolar goza de una alta estima en nuestras sociedades, por lo que es natural que el asunto de la certificación ocupe gran parte de nuestra atención y preocupación. No es malo buscar una certificación oficial, pero sí es malo no saber para qué se desea o presionar al niño para que la obtenga solamente porque todos lo hacen, porque las cosas "así deben ser", o para que llegue a "ser alguien". Recuerda que las ideas que tienes acerca de algo son las que determinan la actitud que tendrás. Si para ti lo más importante es obtener una certificación, entonces eso será evidente en tu actitud diaria, en tus prioridades y en lo que les exijas a los niños.

Antes de buscarla, define para qué la quieres. Define si es una meta personal del niño, si es un escalón que le permitirá seguir escalando en su escalera de la vida, si es un trámite que le abrirá paso a nuevas oportunidades, o si simplemente quieres tener el papel en tus manos para acallar tu conciencia, para demostrarle algo a alguien o para sentirte en paz porque "vas bien". Recuerda que Bill Gates, Steve Jobs, Frank Lloyd Wright, Buckminster Fuller y Mark Zuckerberg abandonaron la escuela antes de obtener su titulación oficial. La validez y el éxito en la vida no te lo da un certificado o un título, sino lo mucho que trabajes hacia el cumplimiento de tus metas personales.

Clases fuera de casa ~ una oportunidad de practicar afuera lo que se ha aprendido adentro

Muchas familias que educan sin escuela también les proveen a sus hijos la experiencia de tomar diferentes clases fuera de casa. Clases en alguna materia específica, o de deportes, de arte, de tecnología, de idiomas, de música, etcétera. El hecho de que los niños sean expuestos a un ambiente distinto al de casa, con maestros y compañeros fuera de los miembros de su familia, puede ser una experiencia muy enriquecedora y educativa. Además de que el hecho de poder elegir qué, cuándo y cómo estudiar cada área te permite a ti como papá usar esas experiencias como una herramienta más para que tus hijos logren sus propias metas.

En este aspecto es importante ser muy sensibles a nuestra intuición de padres, ya que muchas veces nos enfrentaremos al dilema de saber qué tanto deberíamos insistirles a nuestros hijos en que concluyan un curso o un ciclo. Y es que cuando comenzamos a entender que el aprendizaje más significativo surge del interior del niño, de su propio interés y no como resultado de ningún estímulo externo, es difícil determinar hasta dónde está la línea entre darles la libertad de encontrar lo que les encanta hacer, y entre dejarlos que se pierdan de oportunidades valiosas o de completar proyectos importantes en su vida por simple desidia, flojera o falta de constancia. A veces los niños comienzan una clase o un curso muy entusiasmados, y al poco tiempo dicen que ya no quieren continuar, que ya se cansaron o que ahora les gusta otra cosa. No es fácil tener una respuesta clara para esta interrogante en cada situación que enfrentamos con nuestros niños, ya que no existen absolutos. Cada niño es único y la intervención que necesita de sus padres es única también. No existen fórmulas ni recetas mágicas que puedan decirte el paso a paso de cómo acompañar a tus hijos en su aprendizaje. En algunas ocasiones ese cambiar de una clase a otra será parte de su desarrollo, de conocer un abanico de posibilidades, de descubrir sus propias habilidades; y en otras ocasiones tal vez tú determinarás que para el desarrollo particular de ese niño, es importante que se mantenga constante y que concluya ese ciclo en su vida. El único parámetro para saber si estás haciendo lo correcto o no, será tu intuición como papá y la solidez de la relación con tu hijo.

Por otro lado, también es importante ser cuidadosos de que nuestro deseo de buscar clases fuera de casa no se deba a que la casa "nos pica". En algunas ocasiones he escuchado a mamás decir que no aguantan el caos diario, y que salir a tomar clases o cursos es lo único que logra contrarrestarlo. Al igual que con las herramientas anteriores, las clases o cursos no son la solución a tus problemas. ¿De qué te sirve que los niños hagan mucho ejercicio o sean unos talentosos musicales, si no saben relacionarse correctamente con otros?, ¿si no son responsables de su persona?, ¿si no tienen el deseo de cooperar en las labores de la casa?, ¿si no tienen la capacidad de ser pacientes con sus hermanitos menores? A veces las mamás piensan que dándoles a los niños un horario saturado de clases y actividades, su conducta mejorará; y probablemente sí se solucionen algunos problemas, pero sólo será temporalmente. Cuando los niños salen de su "hábitat natural" (por decirlo así), hay una distracción del problema. Se concentra en nuevas actividades, en personas diferentes y su comportamiento cambia, pero eso no quiere decir que el problema esté resuelto de raíz. Podemos ignorar los problemas o solucionarlos temporalmente distrayendo nuestra atención de ellos, pero no sabemos cuánto tiempo durará ese remedio antes de que haga erupción. Quizá la famosa "adolescencia" en realidad son todas esas bombas escondidas durante la infancia, encubadas durante años y haciendo erupción con gran fuerza durante los años de pubertad.

Las experiencias fuera de casa en realidad deberían ser una extensión del trabajo que estamos haciendo adentro: una oportunidad para poner en práctica las habilidades que estamos adquiriendo. Una expansión, un apoyo para nuestra estrategia como educadores. Mi prioridad como mamá es que mis niños encuentren su identidad, que sean responsables de ellos mismos, que muestren una actitud de servicio y cooperación en su hogar, que sepan llevarse bien con todos los miembros de su familia, que anhelen estar en casa porque aquí se goza de una dinámica familiar armoniosa. Cuando haya logrado eso, entonces me sentiré preparada para que demos un paso más y salgamos a relacionarnos con otras personas, aprendamos a través de otros medios y pongamos en práctica lo que estamos adquiriendo ahora.

Pautas a considerar antes de elegir tu forma de trabajo

En ningún lugar vas a encontrar el manual, el instructivo, el libro o el blog indicado que te diga con exactitud cuál currículo debes usar o cuáles imprimibles o cuáles clases deban tomar tus hijos. Tú vas a encontrar cuál es el equilibrio perfecto para ti, para tu familia y para cada uno de tus niños, y eso lleva tiempo. Tiempo para experimentar, para probar, para equivocarte, para iniciar de nuevo y para volver a probar una y otra vez. Todas las familias hemos pasado por allí, y finalmente, todos encontramos nuestro camino, nuestro equilibrio único.

En ese proceso, me gustaría compartirte cinco pautas que he ido deduciendo a través de mi experiencia y de la observación del proceso de otras familias:

1. <u>Aprender es sinónimo de respirar.</u> Simplemente lo haces y ya. Los niños aprenden todo el tiempo, seamos conscientes o no y no puedes hacer nada para detenerlo, aunque sí puedes

hacer mucho para potenciarlo. Los niños aprenden mejor cuando ese deseo surge desde su interior, de su propia iniciativa y cuando no se sienten forzados ni obligados a hacerlo. El aprendizaje no puede ser usado para enseñar deber. La responsabilidad con los deberes se aprende en la vida real, siendo responsable con los deberes reales.

2. Aprender no es lo mismo que estudiar. Aprender es un proceso interno y personal. No podemos impedirlo, todo el tiempo estamos aprendiendo. Estudiar es un acto deliberado que requiere de constancia y diligencia para adquirir destrezas o lograr metas específicas. Para aprender, el motor debe ser el propio interés del niño. Para estudiar, es posible que nosotros como papás tengamos que ser un poco insistentes con los niños para que se mantengan constantes, siempre y cuando haya un objetivo bien definido hacia adelante, y el niño esté de acuerdo en alcanzarlo.

3. No existe un plan de estudios ni un currículo general para todo el mundo. Tu responsabilidad como padre es confeccionar una educación a la medida de cada uno de tus hijos, y como diseñador de ese plan de estudios, tú eres quien toma las decisiones. No tienes por qué hacer lo que otros hacen ni adoptar las ideas de otro como tu marco de referencia, ni vivir comparándote con ellos. Tú tienes el poder de establecer tus propios objetivos y de usar los mejores recursos para lograrlos. Pronto te darás cuenta de que pocas veces utilizarás los materiales o recursos tal y como son. Más bien, esas ideas te servirán como inspiración para elaborar tus propios materiales totalmente a la medida de las necesidades, intereses, y momentos específicos de tus hijos.

4. Las habilidades y destrezas más importantes en la vida, pueden aprenderse viviendo. Existen algunas habilidades básicas que cualquier persona necesita dominar para vivir en sociedad: comunicarse efectivamente por escrito y oralmente; saber administrar su dinero; usar una computadora; relacionarse adecuadamente con las personas que le rodean;

conocer y observar las normas de urbanidad; ser responsable. En mi opinión, esas habilidades tan importantes y necesarias pueden aprenderse viviendo una vida normal y cotidiana: realizando las labores regulares que demanda un hogar, pagando las cuentas y los recibos de la casa, relacionándose con las personas con quienes se tiene contacto: vendedores, cajeros, prestadores de servicios, vecinos, familiares, etcétera. Quizás sea necesario dedicar algo de práctica especial a algunas de esas áreas, como la redacción o la resolución de problemas matemáticos, pero el objetivo siempre sigue siendo el mismo: dominar las destrezas básicas para vivir en sociedad.

5. No hay recetas buenas o malas. Lo que tú decidas que es tu equilibrio perfecto lo será para ti y no debes dejar que la culpabilidad o la ansiedad te roben la paz asaltándote con preguntas e inquietudes continuamente. Decide qué es lo que quieres y convéncete a ti mismo. Actúa con asertividad a cada paso, y ¡disfruta del proceso!

2. Tu función como mamá y "maestra"

Ser tú la encargada principal de la educación de tus hijos requiere de mucha responsabilidad y muchas de nosotras nos preguntamos si realmente podremos con el paquete, si estaremos lo suficientemente preparadas o si daremos "el ancho". Yo creo que todo depende de tu perspectiva. Si tu idea de educar en casa es hacer una réplica de lo que se hace en la escuela, puede ser que no estés lo suficientemente preparada para hacerlo. Si a mí me hicieran un examen de primaria en este momento, tal vez lo reprobaría. ¿Quién puede retener tantos datos en la memoria por tantos años? Pero si me pusieran a resolver un problema, o me pidieran mi opinión en algún tema específico o me pidieran que redactara un documento, muy probablemente superaría las expectativas.

Primero debes determinar qué quieres formar en tus hijos para después saber si tú tienes la capacidad, o si es mejor que la escuela se encargue de formar eso en ellos. En mi caso personal, yo quiero que mis hijos descubran quiénes son ellos y que exploten sus potenciales, que sepan resolver problemas, que tengan pensamiento crítico y que sepan colaborar con otros para un bien mayor, por lo que yo considero que la mejor opción para nosotros es aprender juntos en la casa. No tiene nada qué ver con mis títulos ni mi preparación académica, sino con mi visión de la vida y mi disposición a invertirme en sus vidas y a explorar nuevos recursos en todas partes. Cuando nos hemos liberado de paradigmas escolares y sociales, comenzamos a ver con claridad que el mundo entero es un salón de clases potencial. Entendiendo que el propio interés del aprendiz lo va dirigiendo hacia lo que necesita aprender en cada momento, advertimos que literalmente, existe un mundo de recursos ilimitados para aprender. Pero, si el aprendiz mismo dirige su aprendizaje y si el mundo entero es su salón de clases, ¿dónde quedamos nosotros los papás?, ¿cuál es nuestra función?

Antes de intentar ponerte delante de tus niños, necesitas un ajuste de paradigma. Debes entender que no vas a ser la maestra de tus hijos en el sentido que la escuela lo entiende. Eres facilitadora, acompañante, pero ante todo, eres mamá. Ten una actitud abierta, receptiva para salirte de tu zona de confort y para explorar nuevas áreas en las que no habías querido incursionar. Tus hijos necesitan aprender a vivir y si tú sabes vivir, entonces también puedes acompañarlos en ese proceso de aprendizaje.

¿Y qué hago cuando mi hijo me dice que no quiere hacer nada?

"No quiero", "no tengo ganas", "no me gusta", "no puedo", "más al rato", "estoy cansado", "me aburre", "quiero hacer otra cosa"... ¿te suena familiar?

Muchas de las mamás que tenemos a los niños en casa, sin ir a la escuela, de vez en cuando nos enfrentamos con la renuencia o la apatía por su parte para realizar sus actividades o estudios. Algunas mamás incluso me han dicho que la relación con sus hijos es perfecta hasta que llega el momento de estudiar. Entonces todo se echa a perder. Comienzan los problemas, los conflictos, y la buena relación que tenían inmediatamente se debilita. En ocasiones puede ser muy desgastante el no saber con exactitud qué hacer: si optar por un estilo convencional de "te sientas a hacerlo y no te levantas hasta que termines", o por un estilo más libre que continúe tratando de negociar indefinidamente. El problema del estilo convencional es que volvemos al mismo punto del que estábamos tratando de salir: considerar el aprendizaje como una obligación y dañar nuestra relación con el niño por buscar avance académico. Pero por otro lado, el problema del estilo libre es que podemos llegar al agotamiento sintiéndonos como el genio de la lámpara siempre detrás del niño preguntándole "¿qué deseas?, ¿qué deseas?, ¿qué deseas?"

No te conviertas en policía ni en payaso

En su libro, Freedom and Beyond (Libertad y más allá), John Holt narra una conversación que tuvo con una maestra de una escuela libre, quien decía estar exhausta después de algunos meses de clases. Ella contaba que no podía entender cómo durante años de trabajar en una escuela tradicional no se sentía tan cansada, y aunque había anhelado trabajar en una escuela abierta y libre, después de unos meses, varios maestros se sentían muy cansados y frustrados. John Holt le contesta:

"Veo un restaurante, un hombre sentado en una silla y una camarera ansiosa sirviéndole. El hombre es muy rico, muy influyente; si él quiere, puede hacer que el restaurante cierre. El problema es que este hombre no quiere nada de lo que la camarera le trae: "Tiene demasiada sal, no es suficiente vino, está demasiado cocido, demasiado duro, ¡lléveselo!" La camarera corre apurada a la cocina, hacia el igualmente ansioso chef. Juntos tratan de inventar algo para el colérico comensal. Pero no tienen mucho éxito: "Demasiado ajo, no es suficiente vino, demasiado ácido, demasiado dulce, ¡fuera con esto!" ¿Qué pueden hacer?, ¿qué pueden ofrecerle?, ¿cuál es el problema con su sazón?, ¿hará que el restaurante cierre? Y este chef y esta camarera –obviamente– son los maestros en la escuela libre, tratando de cocinar algo que los comensales quieran comer". "¡Sí!" –interrumpe la mujer. –"¡Ésa es exactamente la posición en la que estamos! No lo había pensado antes, pero somos igual que esa camarera ansiosa, y nos estamos agotando". Holt continúa: "Realmente es agotador, por la misma razón que ser un policía en el salón (excepto por la gente a la que le gusta ser policía) es desgastante para los maestros. No es una tarea apropiada ni una relación correcta. Esta posición no les queda a los adultos. Nuestro trabajo no es ser animadores ni policías. Ambas posiciones son innobles. En ambas perdemos nuestra correcta autoridad de adultos. Por ésta y otras razones, lo que me parece más importante es que un maestro se mantenga la mayor parte del tiempo haciendo lo que haría incluso si los niños no estuvieran allí".

Atrévete a dejarlos que encuentren lo que les gusta

Antes de continuar, yo tengo una pregunta para ti: ¿El problema es que el niño no quiere hacer nada (nada de nada), o que no quiere hacer lo que tú quieres que haga? En muchos casos yo he tenido que ser sincera conmigo misma y aceptar que no me atrevo a dejar que mis niños encuentren lo que les gusta, porque voluntaria o involuntariamente, deseo que les interese lo que yo creo que debería interesarles. Como mamás muchas veces sentimos temor de que si les permitimos que exploren y elijan con libertad cuáles son sus intereses, terminen escogiendo ciertos pasatiempos, personajes, películas o modas que no nos agradan del todo, o que sólo se la pasen jugando "Wii" y que no hagan nada provechoso con su vida. Lo cierto es que censuramos sin conocer, ya que mientras esos gustos son pasajeros, tú puedes estar perdiendo oportunidades muy valiosas y únicas para conocer a tus hijos y conectarte con ellos. Lo importante no es lo que les gusta en sí, sino el grado de conexión que tú obtienes de esos gustos. Los niños pasan de una etapa a otra muy rápidamente, y sus gustos también cambian continuamente, pero tu conexión con ellos no pasa, sino que se fortalece con el tiempo. En vez de poner sus intereses como una barrera entre tú y él, aprovéchate de ellos utilizándolos como medio de acercamiento, como tema de conversación, como oportunidad para hacer investigaciones, como temas de juegos, y sobre todo, como motivo para pasar tiempo con ellos.

Dayna Martin, autora del libro "Radical Unschooling" exhorta:

"No busques una educación para tus hijos;
busca conectarte con ellos.
La educación es un efecto secundario de la conexión"

Yo he comprobado este principio en mi propia relación con mis hijos: mientras más busco conectarme con ellos antes de ponerlos a realizar trabajos académicos, nuestra relación más se fortalece y ellos más aprenden, porque el aprendizaje viene como un resultado natural de lo que les apasiona hacer. Hemos tenido aprendizajes muy significativos jugando videojuegos, armando legos y conociendo a sus personajes predilectos. Internarte en el mundo de los niños puede requerir que pierdas contacto con la realidad durante un rato, pero vale la pena. Estar dispuesto a bajarte al nivel de un niño, dejarte dirigir por él dentro de su mundo, conocer lo que a él le gusta y por qué le gusta, es uno de los medios más poderosos que hay para crear vínculos sólidos que fortalecen tu autoridad natural; ya que una vez creada esa conexión, tienes todos los utensilios para comunicarte con él y para influir en su vida desde adentro, sin barreras. No temas sacrificar actividades académicas por conexión de alta calidad; ten la disposición de adentrarte en su mundo y darles la libertad de que elijan sus propios intereses.

Cerciórate de que no padeces "activitis"

Las mamás muchas veces padecemos de "activitis": creer que mientras más ocupados y saturados estemos de actividades educativas dentro y fuera de casa, mejores resultados estamos alcanzando. Lo malo no es acercarles herramientas y experiencias variadas a nuestros hijos; lo malo es correr el riesgo de ver las herramientas como el objetivo en sí mismas. Cuando estamos muy preocupados por asegurar que las actividades que realizan nuestros hijos sean "productivas", "educativas" o "académicas", podríamos estar pasando por alto características esenciales de la identidad de nuestros niños y quedarnos en la superficie de las apariencias.

Si un niño disfruta de pasar tiempo al aire libre observando plantas e insectos o jugando con animales, ¿por qué querer verlo sentado escribiendo? Si una niña sólo quiere cocinar y hornear galletas, ¿por qué forzarla a que termine su tarea? Si un niño tiene una facilidad sorprendente para los juegos de video, ¿por qué no sentarse con él para entender de qué se trata todo y conocer las habilidades que está desarrollando? Si una niña se distrae y se la pasa dibujando en vez de hacer notas, ¿por qué insistir en que se concentre? Si un niño sólo quiere correr y saltar, ¿por qué sentenciarlo a estar sentado?

Trata de encontrar cuál es la razón de querer que los niños realicen tales o cuales actividades, ya que existe el peligro de estar buscando nuestra valía en lo que hacemos, en nuestras actividades, en nuestros logros externos. Los niños reciben ese mensaje y aprenden buscar aprobación y a sentirse valiosos manteniéndose ocupados, sacando buenas calificaciones, alcanzando logros dignos de presumir. Recuerda que lo valioso de cada persona es quién es esa persona en sí misma, su identidad, su esencia. Ten cuidado de no padecer "activitis". Las actividades que propongas deben ser simples herramientas que les ayuden a tus hijos a descubrir y definir su identidad. Sólo ello les traerá completa satisfacción y contento en su persona.

Permíteles aprovechar su tiempo haciendo todo lo que les encanta hacer

Casi siempre estamos tan ocupados aprendiendo lo que otros creen que "necesitaremos en el futuro", que no tomamos el tiempo para aprender lo que realmente necesitamos en el presente.

Mi marido mostró un talento musical desde que era muy pequeño, pero como todos los demás niños, fue a la escuela para aprender "lo que necesitaba para su futuro", y nunca tuvo tiempo para desarrollar ese talento. Ahora que es adulto, tiene un iPad con algunas aplicaciones donde puede hacer su música, pero también tiene un trabajo, una familia y muchas responsabilidades diarias, así que sólo puede practicar su música en pequeños ratitos durante la noche.

En mi caso, mi mamá descubrió que yo tenía facilidad para escribir cuando tenía seis o siete años. Pero, como todos los demás, yo también tuve que ir a aprender "lo que necesitaría para mi futuro". Para cuando terminé la escuela ya se me había olvidado mi talento para escribir. Muchos años después, formé una familia y también encontré algo importante que decir, así que mi pasión por la escritura también renació; solamente que ahora tengo que hacer el esfuerzo de levantarme muy temprano para dedicarme a ello antes de que mis niños despierten.

Aunque ambos disfrutamos mucho esta etapa en la que estamos redescubriendo nuestros talentos olvidados, encontrando nuevas herramientas, aprendiendo mucho para poder materializar nuestros proyectos y siendo muy productivos en el tiempo tan limitado que tenemos, coincidimos en este sentimiento de que pudimos habernos dedicado a desarrollar nuestras habilidades naturales cuando no teníamos todas las responsabilidades y compromisos de ahora.

¿Qué harías ahora si tuvieras todo el tiempo libre que quisieras? Seguramente aprovecharías para hacer todo lo que te encanta, para echar a andar ese proyecto, para tomar esas clases que no has podido, para viajar a esos lugares que no conoces, para materializar tus sueños... ¡Tu hijo tiene todo el tiempo libre que quiera! Los niños no tienen una familia que mantener, no tienen obligaciones ni compromisos que cumplir; imagínate si dedican todos estos años llenos de inventiva, imaginación y energía a concebir un proyecto, a desarrollar sus verdaderos talentos, a aprender lo que necesitan, a trabajar para lograr sus sueños... para cuando lleguen a nuestra edad, ¡imagínate todo lo que habrán alcanzado!

...Aunque por supuesto que tener todo el tiempo del mundo no les servirá de nada si no tienen un objetivo.

El motivador más fuerte es tener un objetivo

Tal vez la verdadera razón de que tu hijo no quiera hacer nada es que no tiene motivos para hacerlo. Cuando tenemos una idea o un proyecto que deseamos realizar, anhelamos que llegue cada mañana para levantarnos y avanzar un poco más hacia su cumplimiento.

Hace unos días vi la película de Winter, el delfín al que se le colocó una prótesis de cola. Me conmovió mucho ver cómo la actitud apática y desmotivada del protagonista, un niño de unos once años, se transformó en entusiasta y proactiva cuando encontró una razón para dedicar su tiempo y su energía en aprender, trabajar y ayudar a otros.

Nuestro trabajo es descubrir sus dones y talentos e inspirarlos de tal manera que sientan pasión por alcanzar sus sueños. Imagínate a ese niño atraído por el mundo de los insectos, desarrollando habilidades como investigar, observar, dibujar, clasificar; o a la niña a quien le gusta hornear galletas, adquiriendo destrezas de administración y mercadotecnia al iniciar su propio negocio vendiendo sus galletas; o el niño al que le encantan los videojuegos, aprendiendo cómo crear, diseñar y programar sus propios juegos de video; o la niña que se la pasa dibujando, aprendiendo técnicas para la comunicación gráfica; o al niño que no puede estarse quieto, entrenando y ejercitando su cuerpo en atletismo...

¿Puedes percibir la pasión que los motiva a realizar esas actividades?, no están siendo realizadas porque es lo que "necesitarán en el futuro", sino porque tienen un significado tangible en este momento: son el vehículo para desarrollar sus habilidades y alcanzar sus proyectos. Inspíralos hablándoles de quiénes son ellos, de sus características particulares, de sus talentos; ayúdalos a visualizarse planificando y haciendo realidad sus sueños.

El regalo más valioso que podemos darles a nuestros hijos es la habilidad de escuchar y dejarse dirigir por su motivación interna.

Aprende a reconocer el tiempo oportuno

Es difícil cuando los niños rechazan una y otra vez el material que has preparado para ellos o las actividades que tratas de proponerles. Sin embargo, cada vez que rechazan una actividad yo siempre pienso que en algún momento mostrarán interés de nuevo, así que simplemente guardo ese material y espero que llegue el momento oportuno. Todos aprendemos cuando necesitamos aprender, y lo hacemos a ritmos muy diferentes. A veces pasamos por periodos de movimiento donde recibimos mucha información, y a veces nos encontramos en periodos lentos, cuando se necesita quietud para asimilar y digerir la información que hemos recibido. El modelo que obliga a recibir grandes cantidades de información pasivamente día con día, no va de acuerdo con la naturaleza humana.

Hace un tiempo mis hijos no querían saber nada de inglés, así que aunque yo les preparara material y lecciones, no me hacían caso y terminábamos enojados, porque no había interés de su parte. Últimamente han mostrado mucho interés, porque su papá les dijo que para cualquier cosa que quieran lograr van a tener que saber hablar inglés, así que andan preguntando cómo se dice esto o aquello, viendo videos y hablando (según ellos) en inglés.

Mi hijo Mateo aprendió la lógica de la lectura cuando tenía cuatro años. Pero de repente, pasó por una etapa en la que no quería saber nada de la lectura. Yo intenté presionarlo un poco, pero me di cuenta de que mientras más presionaba, Mateo menos quería leer. Sentía rechazo hacia ello. Cuando me relajé y lo animé a que hiciera lo que le interesaba, sintió la necesidad de leer. Ya que nadie lo estaba presionando, se sintió desafiado a probarse a sí mismo que podía hacerlo, y simplemente lo dominó. Para él tenía sentido hacerlo en ese momento y era una necesidad real que él tenía en ese momento.

Los niños cambian muy rápido y de un momento a otro sus intereses son otros. Lo que antes le súper fascinaba y que a ti te tenía con los nervios de punta porque pensabas que iba a llegar a los treinta años y todavía estaría haciendo lo mismo, resulta que ahora —unos cuantos meses después— ya no le interesa tanto; o viceversa: lo que antes no quería ver ni en pintura, resulta que ahora —unos cuantos meses después— es su hobby favorito. La clave es la solidez de tu relación con ellos y tu intuición. Si tienes estos dos elementos, podrás reconocer cuál es el momento oportuno para introducir un tema nuevo o una experiencia diferente, y también tendrás la paciencia y la serenidad para recibir un rechazo más y no romperte en pedacitos.

Recuerda lo que Einstein dijo:

"Es casi un milagro que los métodos modernos de instrucción no hayan estrangulado por completo la santa curiosidad de indagar; ya que esta delicada y pequeña planta, lejos de la estimulación se sostiene principalmente en necesidad de libertad; ya que sin ésta se dirige al desastre y ruina sin duda alguna. Es un grave error pensar que el

gozo de ver y buscar puede promoverse a través de métodos coercitivos y de un sentido de deber. Por el contrario, yo creo que sería posible robarle incluso a un depredador sano su voracidad, si fuera posible con la ayuda de un látigo, forzando a la bestia a devorar continuamente, aun cuando no tuviera hambre y especialmente cuando la comida, ofrecida bajo tal coerción, fuera seleccionada para él de acuerdo a sus necesidades".

3. Y si decido que no quiero usar un currículo, ¿entonces qué hago?

Muchas familias no utilizan ningún currículo específico; se guían por las necesidades e intereses específicos de sus hijos. Mi familia es una de ellas. Aunque mis hijos son pequeños todavía y hasta ahora no hemos sentido la necesidad de utilizar un currículo, es muy probable que sigamos trabajando así. Quizás más adelante consideremos necesario utilizar programas estructurados para materias o habilidades específicas, pero por el momento, todavía no creemos que sea el tiempo de hacerlo.

Como te decía, internet es una fuente inagotable de posibilidades y recursos. Existen incontables blogs de familias que comparten sus ideas de actividades, manualidades, imprimibles, totalmente gratis. Se encuentran materiales preciosos para todas las edades: desde bebés hasta jóvenes y adultos. Hay juegos educativos, plataformas con clases para aprender cualquier cosa, tutoriales, libros, audiolibros, cuadernos para dibujar, para crear, para armar, y un largo etcétera. En lo personal, a mí me gusta mucho hacer uso de este tipo de recursos, ya que puedo emplearlos como yo crea conveniente, según las necesidades e intereses particulares de mis niños. A continuación te comparto algunas pautas muy sencillas de cómo me organizo yo para aprovechar todos estos recursos, utilizando a mis hijos como mi guía. Aunque cada familia trabaja de manera distinta y tú también deberás

211

encontrar tu forma muy personal de hacerlo, estoy segura de que conocer cómo trabajan otras familias puede darte una que otra buena idea.

Escojo un tema

Antes de echarme un clavado al ciberespacio, determino el tema que quiero buscar. Si solamente me pongo a navegar buscando inspiración, es muy probable que encuentre mil ideas hermosas que no estaba buscando, pero también es muy probable que pierda demasiado tiempo. Así que como regla personal, me he propuesto no buscar actividades para niños sin tener un tema específico en mente. Existen varios factores que me ayudan a determinar cuál será ese tema:

Preguntas anteriores. Según internet, los niños entre 2 y 5 años hacen alrededor de 500 preguntas diariamente, así que si solamente tomáramos esas preguntas como guía, tendríamos material suficiente para mantenernos estudiando toda una vida entera y no terminaríamos. Mis hijos sí son preguntones, pero nunca me he puesto a contar todas las que formulan durante un día. Lo que sí hago continuamente, es tratar de encontrarles respuesta a todas sus preguntas. A veces les regreso la misma pregunta a ellos: "Mamá, ¿por qué todos usamos zapatos?" – "¿Por qué te imaginas tú?" Y entonces tenemos discusiones muy interesantes. Otras veces, la pregunta requiere una respuesta de mi parte: "Mamá, ¿por qué hay que poner la basura en dos botes diferentes?" Y por lo general, complemento mi explicación con algún video de Tim y Moby (esp.brainpop.com), o con alguna búsqueda en Wikipedia o en YouTube. Muchas otras veces extendemos nuestras interrogantes a papá o a los abuelos o a la tía, quienes nos ayudan ampliando el tema o contándonos experiencias o prestándonos libros interesantes. Si la pregunta no halló respuesta o si vale la pena profundizar más en el tema, entonces la escribo en una libreta. En la noche reviso mis apuntes y veo si puedo encontrar algo interesante para mostrarles al día siguiente. A veces me quedo investigando más información y entonces la sintetizo para platicársela a manera de historia, o incluso, en algunas ocasiones yo les he preparado mis propias presentaciones de diapositivas o libros ilustrados.

Experiencias presentes. Otras veces ellos no han hecho ninguna pregunta, pero sí tuvimos alguna experiencia relacionada con algún tema, como cuando llegó nuestro gatito Prisio a casa y estuvimos estudiando y aprendiendo acerca de los gatos, su comportamiento, las razas, su alimentación, y más, durante meses. O como cuando fuimos a visitar a nuestros amigos que tienen un rancho en Zacatecas y estuvimos hablando acerca de la vida en la granja, los alimentos industrializados, los alimentos orgánicos, etcétera.

"El tema de hoy". En casa tenemos una especie de "ritual" en el que, cada vez que mis hijos llegan a la mesa para desayunar, comer o cenar, lo primero que le preguntan a su papá con su carita llena de expectación y entusiasmo es: "¿cuál es el tema de hoy, papá?" Y mi marido siempre tiene algún tema del cual hablar, narrar experiencias, hacer preguntas, invitar a la reflexión. Pasamos tiempos muy amenos contando anécdotas, aprendiendo información nueva, intercambiando opiniones sobre algún tema, compartiendo sueños y expectativas. Por lo general, después de la charla matutina, yo tengo muchas ideas para continuar durante el bloque de la media mañana. A veces llevamos a cabo el proyecto que salió en esa plática, o hacemos una manualidad, o seguimos profundizando en alguno de esos temas.

Necesidad de reforzar habilidades o conceptos. En otras ocasiones yo me doy cuenta de que necesitan reforzar alguna habilidad, como cuando jugamos Turista y Mateo, mi hijo mayor, me estuvo pidiendo ayuda para dar y recibir cambio. Entonces, al día siguiente planeé un tiempo para jugar a "la tiendita" con billetes y monedas de juguete; estuvimos jugando mucho, pero también practicamos el reconocer las cantidades, sumas y restas. O como cuando Pablo, el segundo, me pregunta cómo se escribe tal o cual palabra para ponerla en su dibujo, y entonces aprovecho para sacar algunas tarjetas y mostrarle los sonidos de las letras o incluso (si el entusiasmo es mucho) hasta podemos hacer una actividad de relacionar ilustraciones con su letra inicial. Tengo que ser muy sensible para darle solamente lo que me está pidiendo y no más, porque si mi maestra interior logra salir de su guarida, corro el riesgo de que se me quede viendo con perplejidad y me diga: "Bueno, mamá, ya no hables más. Sólo quería saber cómo se escribe libro".

Fabrico mi material

A mí me gusta mucho usar imprimibles para hacer actividades específicas. Me encanta todo ese proceso de imprimir, plastificar, recortar, montar en un fólder, imantar, etcétera. Muchas veces no tengo el tiempo que yo quisiera para hacer material, así que voy juntando los proyectos que me gustaría armar y cuando ya tengo suficientes, dedico toda la tarde de un sábado o un domingo para ponerme a hacer material con calma. A veces no se utiliza el material, porque los niños ya perdieron el interés o porque se nos atravesó algo más interesante en ese momento, así que simplemente lo guardo y listo. En el futuro seguramente lo usaré. De esta forma me he hecho de bastante material que puedo usar en cualquier momento. Utilizo bolsas de plástico con cierre para guardar tarjetas plastificadas. Guardo hojas de ejercicios de preescritura y lógica en micas transparentes para recopilador, donde pueden escribir una y otra vez con marcadores secos. Me encanta hacerles "file fólder games" (carpetas interactivas que son como "apps" pero en papel); cada vez que encuentro uno que me guste, lo hago aunque no lo usemos en ese momento. Los tengo todos en una caja, y cuando llega el momento oportuno, me encanta ir a mi "archivo" y encontrar el material perfecto para la ocasión.

Pienso cómo presentarlo

Existen diferentes formas de presentarles los materiales o las lecciones a los niños. Yo no soy experta en este tema, pero creo que con el tiempo sí me estoy haciendo experta en mis propios niños. Cada niño es diferente. Hay niños muy entusiastas que estarán felices con cualquier actividad o proyecto que les propongas; hay otros niños que no lo son tanto. No esperes que tus niños se estén sentaditos bien derechitos, totalmente atentos para ver qué tienes para decirles y que quieran hacerlo con total esmero siguiendo las instrucciones al pie de la letra. Mejor prepárate y sé creativa para inventar de qué manera puedes utilizar su propia curiosidad para propiciar aprendizajes significativos. Te digo, no soy experta y hay muchas formas de estimular el interés, pero aquí te comparto las que a mí me funcionan mejor con mis propios niños:

Ofrecer un buffette. Mi amiga Laura, quien sí es una experta en estos temas de presentarles actividades y materiales preciosos y súper atractivos a sus nenas (aprendeconalas.com), habla de "espacios preparados". Con ello se refiere a que el espacio esté especialmente diseñado para que los niños se sientan atraídos e invitados a utilizar el material. En mi ciudad hay un museo interactivo para niños muy bonito, en donde se les permite a los niños tocar y jugar con el mobiliario. Tienen varios espacios con diferentes temas (la granja, el mercado, el hospital, el restaurante), totalmente amueblados y acondicionados para que los niños puedan manipular y jugar cómodamente: carritos de súper de su tamaño, frutas y verduras de plástico, una estatua de vaca a escala y baldes pequeños con los que pueden jugar a ordeñar, batas de médico de su tamaño, etcétera. Siempre hay personal del museo acomodando y dejando todo en orden en cuanto un grupo de niños se retira de allí, así que cuando uno entra a alguno de esos espacios, todo está ordenado y en su lugar, listo para usarse. Una invitación irresistible para cualquier niño.

Sé que en casa no siempre es posible acondicionar el lugar de los niños a nuestro gusto, pero con creatividad e ingenio sí podemos tener material atractivo para ellos, que les invite a manipularlo y que motive su creatividad. En casa tengo cajas y botes con materiales que pueden ser manipulados, a su altura: letras de imán, limpiapipas, ganchos de ropa, rompecabezas, tarjetas plastificadas con ilustraciones y palabras, los "file fólder games" hechos por mí; en otro mueble tengo hojas de colores, cuadernos, libros para colorear, marcadores, tijeras, pegamento, pinturas lavables, pinceles, cuentitas de colores y todo lo necesario para que le den rienda suelta a su creatividad (y al tiradero también). A veces es difícil mantener el orden, pero incluso en ese aspecto este sistema me ha resultado benéfico, ya que teniendo todo el material a su alcance, ellos han aprendido a ser responsables de que si sacan algo, también deben regresarlo a su lugar y si se ensucia algo, también hay que limpiarlo. También tengo una cajonera en donde guardamos todos los demás materiales como las regletas, los números, las piezas para encajar, rompecabezas, juegos de mesa, y un largo etcétera. Todo ese material también está disponible y al alcance de los niños, así que cuando la inspiración escasea, sólo basta con echar un vistazo su alrededor.

Mostrarlo directamente. Cuando hay una actividad especial que quiero presentarles y no está dentro de ese buffette, muchas veces sólo la introduzco así, llanamente. (Con voz emocionante): "Hey, niños, ¿qué creen?, ¡tengo algo que quiero enseñarles!... ¡Miren, vengan a ver esto!" Y entonces les enseño alguna ilustración o un video o algo llamativo que capte su atención y que nos dé pie para seguir con la actividad. A veces funciona esta técnica y muchas veces no. Muchas veces el premio a mi entusiasmo ha sido un: "gracias mamá, pero ahorita no nos interesa". Son gajes del oficio, es un riesgo que se corre. Sólo acepto el rechazo y no dejo de intentar.

Usar la "siembra". Anteriormente hablé de este término concebido por Sandra Dodd, que consiste en dejar "olvidado" algo interesante a la vista de los chicos para que ellos lo encuentren y entonces sientan la curiosidad de usarlo o preguntar qué es. Como cuando se encuentran herramientas del abuelo en el jardín y vienen a preguntarle para qué se usan y entonces pasan una tarde muy cerquita de él aprendiendo y reparando averías. O como cuando hago un material nuevo, un imprimible o un fólder, y me piden usarlo cuando lo ven terminado en la mesa... ¡lo difícil es hacer que no lo vean durante el proceso de fabricación! Yo uso mucho esta técnica no tanto con objetos, sino con palabras. Me gusta usar palabras "rebuscadas" o no tan comunes en nuestra habla cotidiana, y es casi imposible que no piquen el anzuelo. Entonces platicamos de nuevos conceptos, de nuevas ideas... una práctica realmente fascinante.

Hacer algo que a mí realmente me apasione. Es muy chistoso que cuando ando detrás de los niños rogándoles que vengan y hagan tal o cual actividad conmigo, es cuando más se niegan a hacerlo o cuando más "ocupados" están. Pero cuando simplemente voy sin decir absolutamente nada y saco el material y comienzo a trabajar yo sola, entonces es cuando tengo más *fisgones* muy interesados en saber lo que estoy haciendo. Después de un rato de observarme, hasta comienzan a pedirme encarecidamente que les "dé permiso" de ayudarme con la actividad. Entonces hago gala de mi "benevolencia" y les permito participar. Como cuando hice el dibujo de un Luigi (de Mario Bros) y comencé a hacer bolitas de papel para pegarlas y rellenar toda la figura. Después de un rato, tenía tres pares de manitas muy ocupadas haciendo bolitas y pegando para "ayudarle a mamá con su proyecto".

O como cuando voy por mi block de dibujo y mis lápices de colores. Es algo que me engancha por completo a mí. Me encanta dibujar y hacer muchas sombras, relieves y juegos de luces. Puedo pasar horas haciendo esa actividad y me fascina. Saco los lápices, me pongo a sacarles punta, saco los cuadernos y no tengo que decir absolutamente nada. Los niños vienen, me ven y ellos también van por sus cuadernos y comienzan a dibujar. Me preguntan cómo lo hago, me enseñan sus propios dibujos, pero yo no tengo la más mínima intención de enseñarles algo o de dirigir sus dibujos. Simplemente disfrutamos de un pasatiempo juntos y ellos se sienten inspirados y motivados por mi propia pasión al hacerlo. Cuando el proyecto te apasiona a ti, a ellos no les queda otra opción que apasionarse también.

No sucede igual con las matemáticas, por ejemplo. A mí no me motivan ni me llaman la atención. Ni siquiera las entiendo bien. A veces saco materiales de números o piedritas para contar o juegos con billetes y monedas. A ellos les gusta y lo hacemos un rato juntos, pero no es algo que realmente me apasione a mí. Si veo que pierden el interés, dejo de hacer la actividad. ¿Cómo puedo pedirles que continúen realizando una actividad que para mí tampoco es atractiva? En estos casos, tenemos dos opciones: o nos apasionamos con el tema nosotros mismos como papás (lo ideal), o buscamos a alguien que sí se apasione con eso para que nos ayude a inspirar a nuestros niños. Como mi hermana, quien adora la historia y de repente nos cuenta relatos fascinantes de episodios de la historia y nos mantiene boquiabiertos a todos. Yo no tengo esa habilidad, pero ella sí, y es una fortuna poder darles la oportunidad a mis hijos de que se beneficien de ello.

En este punto me gustaría compartir un fragmento del libro "Freedom and Beyond", en donde Holt comenta algunas conclusiones después de una experiencia con un proyecto anual que hizo con sus alumnos de la escuela:

"La primera pasión se debilitó después de un tiempo, tal y como sucede con muchas cosas; pero de cuando en cuando los chicos retomaban el proyecto. Era una parte importante de nuestro trabajo anual juntos. Pero si lo hubiera presentado como un proyecto de arte, algo "divertido" que los niños podían hacer, jamás habría despegado del suelo. Lo que realmente necesitamos son escuelas o centros de recursos que no sean sólo para niños, sino donde los adultos vengan de su propia y libre voluntad a aprender todo aquello que les interesa, y en donde los niños sean libres para aprender con y entre ellos. ¿Cómo esperamos que los niños tomen el aprendizaje escolar seriamente cuando nadie en la sociedad excepto ellos, tiene que hacerlo?"

A mi marido le encanta todo lo relacionado con la tecnología y la música; él y mis niños disfrutan por horas haciendo videos de *stop motion,* o canciones donde ellos salen cantando y bailando, o armando obras muy complejas con legos. Recientemente mi hijo Mateo escribió un cuento en formato de libro como resultado de una sugerencia mía. Hace tiempo también le ayudé a mi hijo Pablo a escribir un instructivo de legos porque él quería que otros niños supieran cómo armar una construcción que acababa de hacer. Son proyectos que se relacionan directamente con lo que nos gusta hacer a su papá y a mí, y con los recursos que sabemos manejar y que además, disfrutamos completamente. Existen muchas cualidades que seguramente tú y tu pareja tienen, y de las cuales pueden echar mano. Incúlquenselas a sus hijos, pero no como disciplinas o materias, sino como puntos de conexión entre ustedes, como pretexto para pasar momentos muy agradables juntos.

Ser facilitadora. La verdad es que las mejores actividades y los mejores proyectos que se realizan por acá, son los que nacen de su propia iniciativa e inventiva. Cuando veo que una nueva idea está "cuajando", entonces estoy muy atenta para ver qué necesitan y saber en qué momentos intervenir para ayudarles o proveerles materiales o sugerirles ideas, y en qué momentos sólo ser espectadora. A veces no me necesitan en lo absoluto, y a mí tampoco me entusiasma mucho lo que están haciendo, así que sólo me mantengo cerca por cualquier cosa que puedan necesitar, pero su motivación propia es suficiente para mantenerlos activos y ocupados por horas. Literalmente.

Yo creo que mi función es inspirar a mis hijos, no "ponerlos" a que cumplan con actividades, tareas y evaluaciones. Así que yo dejo que ellos vivan junto conmigo, haciendo mis actividades, acompañándome en mi vida y dejándolos que vean cómo me desenvuelvo yo y compartiéndoles de lo que a mí me apasiona. A mí me interesa que ellos fortalezcan su motivación interna por aprender, por saber, por investigar, porque si tienen eso, entonces pueden lograr lo que ellos quieran por el resto de su vida.

Ya para terminar... Nunca dejes de inspirar

Yo creo que es cierto que si encontramos qué es lo que nos apasiona, tenemos razones suficientes para mantenernos motivados para alcanzar cualquier meta. También creo que si a un niño se le permite seguir sus propios intereses aprenderá todo lo que necesite por iniciativa propia, sin que tengamos que obligarlo o coaccionarlo. Sin embargo, también creo que para ver nuestros anhelos realizados se requiere de constancia y diligencia, lo cual muchas veces no "nace" naturalmente de nuestro interior.

Escribir este libro es un anhelo que ha estado dentro de mí desde hace mucho tiempo. Es una pasión fuerte que me impulsa a levantarme de madrugada para tener un rato de silencio en el cual pueda concentrarme (y para una dormilona como yo, esto significa una gran hazaña). Pero aun así, muchos días me encuentro divagando. Me pregunto si lo que escribo es suficientemente bueno, o si debería enfocar mis energías en otro proyecto, o simplemente el cansancio y las demandas de mi labor de madre y ama de casa me roban la atención por completo. De hecho continuamente atravieso por "ciclos" en los que por varios días o hasta semanas mi mente está totalmente alejada del libro. Afortunadamente cuento con el apoyo invaluable de mi marido, quien siempre me ayuda a recordar por qué estoy aquí y hacia dónde voy caminando. Después de una plática con él vuelvo a sentirme inspirada y con energías para retomar mi proyecto inicial. En el proceso de caminar hacia tus sueños, es alentador saber que existe alguien que te recuerda por qué estás allí en los momentos de desánimo, cuando quieres darte por vencido.

Como padres, podemos cumplir esa función en la vida de nuestros hijos. No se trata de usar violencia ni de pasar por encima de ellos, sino de ayudarlos a mantenerse constantes para que no pierdan el rumbo y lleguen a ver sus anhelos realizados. Yo me siento profundamente agradecida con mi esposo, a quien le importo lo suficiente como para tomarse el tiempo de, con ternura y con paciencia, ayudarme a mantenerme constante sin perder el rumbo para ver mis anhelos realizados. Mi anhelo es que nuestros hijos también se sientan agradecidos cuando se encuentren en la cima de sus sueños y volteen para atrás y vean que nuestra intervención fue determinante en esos logros.

Inspirar a nuestros hijos puede tener alcances sorprendentes, y nosotros tenemos en nuestras manos esa posibilidad. En vez de exigirles que cumplan con ciertas tareas o que memoricen ciertos datos, podemos inspirarlos dándoles un proyecto que incluya todas las destrezas que queremos que desarrollen. La capacidad de visualizar algo que todavía no es una realidad puede ser muy poderosa. Nos permite crear una imagen mental que actúa como brújula: nos da un sentido de orientación, de rumbo definido, de saber hacia dónde caminar y enfocar nuestros esfuerzos. En casa lo practicamos continuamente, incluso con pequeños detalles. −"Imagínense que hacemos una figura de Mario Bros de legos así de grande"− comenta mi esposo. Luego los niños se crean una imagen mental y se visualizan a sí mismos armando piezas. Luego ellos también le agregan detalles adicionales a la visión inicial. "−¡Y también hacemos un hongo!"−, y para entonces, se sienten entusiasmados y ansiosos de comenzar a trabajar para ver su visión hecha realidad. Cuando tenemos una visión clara de los resultados, encontramos la motivación suficiente para esforzarnos en alcanzarlos.

Hace unos meses tuve la oportunidad de asistir a un evento TEDx aquí en mi ciudad. Fue una experiencia maravillosa en la que escuchamos a veinte personas hablar sobre el poder de la pasión. Muchos de ellos eran jóvenes empresarios y me llamó la atención que varios de ellos encontraron su pasión desde muy pequeños, y contaron con padres amorosos o mentores que estuvieron cerca y supieron cómo impulsarlos.

Una de las historias que me inspiraron profundamente fue la de Alejandro Minakata y Rodrigo Ponce, los primeros jaliscienses en escalar el Monte Everest. Nos contaron que en su primer intento de llegar a la cima, los asaltó una tormenta de nieve de ocho días. Se les acabaron las provisiones, tuvieron un accidente y temían por su vida, así que no pudieron continuar. Muchos de sus patrocinadores abandonaron el proyecto. Los jóvenes regresaron a casa derrotados y desmoralizados. Después de algún tiempo, retomaron el proyecto, y cuando estaban a punto de llegar hasta arriba, el clima amenazaba otra vez. A pesar de que sabían que sus hijos podrían perder la vida, los padres de estos jóvenes les llamaron por radio y sus palabras fueron determinantes: "Continúen, ahora sí lo lograrán". Los muchachos se llenaron de valor y esta vez llegaron hasta arriba. Qué decepción habría sido encontrarse a metros de distancia y no haberlo alcanzado por temor, por falta de arrojo o falta de visión; pero qué afortunados de que sus padres estuvieron allí para recordarles sus sueños y darles el empujoncito que necesitaban para llegar hasta arriba.

Que nuestros hijos no dejen incompletos sus sueños por falta de constancia o arrojo. Que nosotros seamos sensibles para saber cuándo debemos empujar un poquito y animar, y cuándo de verdad es tiempo de abandonar el proyecto y caminar hacia otra dirección.

"Nuestra debilidad más grande radica en renunciar. El camino más seguro hacia el éxito es intentarlo una vez más."

~ *Thomas A. Edison*

aprendizajeSUPRAescolar

Capítulo 11
Lo que sí deben aprender

"Tu actitud y no tu aptitud, determinará tu altitud."
~ Zig Ziglar

Hace poquito vi una caricatura que me dio mucha risa: está una persona pidiendo empleo en una oficina y la mujer que lo está entrevistando le pregunta: "bien, veo en tu currículum que tienes muchos certificados y muchos estudios, pero en concreto, ¿cuáles son tus habilidades?", y el señor le contesta: "¡exámenes!, ¡sé pasar exámenes!"

Existen habilidades más útiles que saber pasar exámenes

Si consideramos que existe todo un universo de conocimiento, y que una vida no sería suficiente para aprender y conocer todo lo que hasta hoy se sabe o se ha descubierto, ¿cómo, entonces, podemos elegir de todo ese mar de conocimientos, qué es lo que los niños deben aprender?

El conocimiento en sí mismo no es tan importante como las habilidades que nos ayudan a aprovecharlos. Saber realizar ecuaciones de tercer grado o conocer todas las clasificaciones del reino animal y vegetal o saber de memoria los datos, fechas y nombres de la Historia Universal no sirve de nada si no sabemos qué hacer con esos conocimientos ni cómo emplearlos adecuadamente. Los conocimientos pueden adquirirse en cualquier momento, pero las habilidades que nos permiten encontrarlos, adquirirlos, procesarlos y emplearlos adecuadamente, no se encuentran en Google. Esas habilidades se aprenden viviendo la vida real, aprendiendo del ejemplo de otros, resolviendo problemas reales, reflexionando profundamente en nuestras experiencias, y equivocándonos y volviendo a intentar una y otra vez. Como papás, es nuestra responsabilidad y privilegio equipar a nuestros hijos con estas habilidades.

Gestionar el tiempo, servir a otros, ser eficiente, diligente, saber negociar, saber dirigir, ser persuasivo, tener empatía, hacer las cosas con excelencia, son sólo algunos ejemplos de las destrezas que nos acercarán más a la materialización de nuestros sueños, y la infancia y la juventud son épocas de la vida que pueden aprovecharse para desarrollar estas destrezas al máximo. Elegir cuáles son las habilidades más importantes a desarrollar es decisión de cada padre. Tú debes sentarte a pensar cómo quieres que tu hijo esté equipado para enfrentarse al mundo, y entonces escoger cuidadosamente todo el instrumental que requiere. A continuación te comparto cuáles son las habilidades que mi esposo y yo consideramos más importante que nuestros hijos desarrollen, y por lo tanto, las que ocupan la prioridad de nuestros esfuerzos como padres y educadores:

1. La habilidad de ser autodidactas

El autoaprendizaje es la facultad que tiene una persona para dirigir, controlar, regular y evaluar su forma de aprender de forma consciente e intencionada, haciendo uso de estrategias de aprendizaje para lograr el objetivo o la meta deseados. Esta autonomía debe ser resultado de que somos capaces de pensar por nosotros mismos. Cuando tú tienes un sueño, una visión, entonces te conviertes el capitán del barco. Tú vas decidiendo de qué recursos quieres echar mano para llegar hasta ese horizonte que tus ojos ven.

Una vez que hemos entendido que nosotros somos los únicos responsables de nuestra propia educación, nos será más fácil ayudarles a nuestros hijos a que asuman la responsabilidad de su educación también. Independientemente de que hayamos decidido enviarlos a la escuela o no, uno de los grandes regalos que podemos darles a nuestros hijos es que logren no ser dependientes de nadie –ni de nosotros– lo más pronto posible. El hogar es donde puedes comenzar a formar esos hábitos. En todas las actividades que realices, enfócate en habilidades y destrezas, no en conocimientos ni datos. Es más valioso haber encontrado uno mismo la respuesta a la pregunta ¿de qué está hecha el agua?, que el hecho de saber que su composición química es H_2O. Es más valioso saber calcular cuántas pizzas necesitaremos para los diez amiguitos que vendrán a la fiesta, que saber de memoria las tablas de multiplicar. Es más valioso saber redactar una carta correctamente que recitar las reglas de ortografía.

Enséñalos a pescar en vez de darles los pescados.

2. La habilidad de tener un pensamiento crítico y hacer buen uso del lenguaje

En su libro, "The art of public speaking" (El arte de hablar en público), Stephen E. Lucas explica:

"¿Qué es el pensamiento crítico? Hasta cierto punto, es un asunto de lógica – de ser capaz de localizar las debilidades en los argumentos de otros y evitarlos en los tuyos. También incluye destrezas relacionadas como distinguir un hecho de una opinión, juzgar la credibilidad de una declaración y evaluar la solidez de la evidencia. En el sentido más amplio, el pensamiento crítico es el pensamiento enfocado, organizado – la habilidad de ver claramente las relaciones entre ideas. Se ha dicho que hay muy pocas ideas nuevas en el mundo, solamente hay ideas reorganizadas. Los más grandes pensadores, científicos e inventores, por lo general han tomado información que estaba a su alcance y la han reunido para producir nuevos entendimientos. Esto también es pensamiento crítico."

En pocas palabras, yo entiendo el pensamiento crítico como la habilidad de analizar todos los elementos de un problema y poder resolverlo.

Ser capaz de explicar tus argumentos con claridad; tener una mente abierta para descubrir nuevas verdades y reconocer los errores propios; analizar cuidadosamente un producto y saber hacer la mejor compra; hacerse preguntas e investigar en vez de aceptar lo que otros dicen como un hecho irrefutable; entresacar los puntos principales de un discurso y encontrar lo verdadero y lo falso; escuchar con atención y tener la habilidad de identificar las ideas principales y no distraerse o confundirse con los detalles o las ideas periféricas; comunicar un mensaje con elocuencia y ser persuasivo; son ejemplos de un pensamiento crítico. Un pensador crítico es tenaz, agudo y penetrante. Pero además de eso, mantiene una postura abierta y razonable.

Fortalece la habilidad de pensamiento crítico en tus hijos escuchando sus preguntas atentamente y motivándolos a que ellos traten de encontrar sus respuestas; preguntándoles cuáles son las partes principales del cuento que acaban de leer, o de la película que acaban de ver; animándolos a que vayan perfeccionando su uso del lenguaje oral y escrito para comunicar sus mensajes con precisión; pidiéndoles que escuchen con atención y que mantengan su enfoque en las ideas principales de cualquier mensaje; no diciéndoles lo que tienen que hacer, sino enfocándolos hacia los elementos de cualquier problema, ayudándolos a que lleguen a una conclusión lógica usando su pensamiento.

3. La habilidad de ser disciplinados y constantes

Hace unos días platicaba con una persona; le contaba que todas las mañanas, mientras que estoy disfrutando de un momento de mucha tranquilidad tomando mi café y escribiendo en mi cama, todavía en piyama, soy testigo del "drama" matutino de ir a la escuela de mis vecinos: las mamás gritando para apurar a los niños, los papás tocando el claxon del carro desesperados porque ya es tarde, y los niños corriendo, tratando de no olvidarse de su mochila, su suéter, su refrigerio, la tarea... Volteo a ver a mis hijos que todavía duermen, suspiro profundo y agradezco la fortuna de no tener que vivir bajo el estrés diario de las prisas, el tráfico, las tareas, los uniformes, el distanciamiento familiar, el desequilibrio alimenticio, y todos los perjuicios que conlleva vivir bajo el régimen del sistema escolarizado. Ella me preguntaba si no me da temor el hecho de que mis hijos no estén preparados para enfrentarse a situaciones de mucho estrés o que no tengan la capacidad para ser disciplinados y constantes en el futuro, ya que no tienen ninguna obligación que los adiestre ahora o que les exija cumplir con actividades aun cuando no les gusten.

La mayoría de nosotros hemos crecido con la idea de que ser disciplinado y constante es sinónimo de vivir bajo un sistema obligatorio y estandarizado que nos exige cumplir con deberes desagradables; pero yo no lo creo así. ¿Qué pasaría con los niños si de repente las escuelas desaparecieran?, ¿buscarían levantarse temprano para vestirse y ponerse a estudiar por voluntad propia?, ¿continuarían viviendo bajo un horario estricto sin que nadie estuviera detrás de ellos?, ¿seguirían haciendo tareas por el puro gusto de repasar lo que han aprendido? Probablemente algunos niños sí, pero estoy segura de que serían la gran minoría. Entonces, ¿dónde están los hábitos que supuestamente la escuela les enseñó?, ¿dónde quedó esa disciplina y constancia que tanto se enfatizó? Y eso no es lo peor: ¿qué sucederá cuando esos niños crezcan?, ¿realmente serán constantes en todo lo que se propongan?, ¿realizarán todas sus actividades con excelencia y esmero?, ¿producirán un trabajo de alta calidad?, ¿mostrarán diligencia en todo lo que desarrollen? Pienso que no, porque en la mayoría de los casos, todas esas obligaciones se realizaron como meras imposiciones, de mala gana incluso, deseando encontrarse en cualquier otro lugar, jamás convencidos de que eran parte de su desarrollo integral. Fue como haber hecho una torre de arena con un contenedor. Mientras que estaba el contenedor que daba forma y estructura, la arena se mantenía en su lugar, pero en cuanto se retira el contenedor, la arena se desmorona, porque es un elemento sin solidez. Y en el caso de estar acostumbrados a hacer tareas desagradables para ser

229

capaces de hacer lo que no nos gusta en el futuro, ¿de verdad creemos que una vida cargada de obligaciones y restricciones sin sentido justifica un solo momento de tomar la decisión de hacer algo desagradable que es realmente necesario? Yo creo que no. En el momento que verdaderamente existe la necesidad de hacer algo que no es tan agradable, el niño está tan hastiado de ser oprimido y limitado que no ve la diferencia de lo verdaderamente necesario a aquellas demandas simplemente rutinarias. Él es rebelde a todas por igual, o sumiso a todo sin entender por qué.

¿Estamos trabajando en la solidez del carácter de nuestros hijos, o solamente estamos moldeando su apariencia con sistemas externos?

Por supuesto que debemos inculcarles a nuestros hijos hábitos de limpieza, de orden, de constancia, de diligencia, de templanza, pero no externamente, sino internamente. Que ellos entiendan perfectamente cuál es el beneficio directo de esos hábitos y que sean capaces de observarlos incluso cuando no esté nadie allí para picarles las costillas. Que mis hijos se levanten y se vistan por su propia iniciativa, que doblen su piyama, que recojan sus juguetes, que voluntariamente ayuden en las labores domésticas, es mucho más valioso que si hubieran cumplido rigurosamente con las demandas de un sistema durante años de su vida. Me hace tener la certeza de que esos actos surgen de su interior, no de imposiciones externas, y de que en la misma forma que han entendido el beneficio de esas acciones tan sencillas y básicas como andar con ropa, ver su cuarto recogido y ser útiles en casa, también buscarán el beneficio de realizar otras actividades importantes en su vida y las realizarán sin problema, ya que entienden la razón de hacerlo. Si dirigimos nuestros esfuerzos a trabajar en la solidez de una estructura interna, ellos gozarán de tener una fuente inagotable de donde surgirá la motivación para realizar cualquier actividad. No necesitarán ningún estímulo externo ni que nadie los programe para hacerlo, ya que de forma natural, nacerá desde su interior.

4. La habilidad de vivir en conexión con uno mismo

Por otro lado, ser conscientes de las necesidades y los ritmos naturales de los niños no es lo mismo que ser indisciplinados o inconstantes. Tú como papá o mamá sabes exactamente qué necesita tu hijo en cada momento y cuáles son sus ritmos, por lo que también puedes saber hasta dónde deberías exigir más o hasta dónde sólo debes animar o inspirar, y hasta dónde sólo necesitas abrazar. El objetivo es formar una estructura interna sólida, y obviamente, esa estructura no puede ser la misma en toda persona, por lo que cargar con obligaciones estandarizadas sin objetivos claros, no tiene ningún sentido.

Esa consciencia por nuestra parte hacia las necesidades y ritmos naturales de los niños, también promueve que ellos desarrollen una consciencia por sí mismos. Que tú respetes sus ritmos naturales de sueño, de comida, de actividad y que les ayudes a observarse a sí mismos, a darle a su cuerpo lo que necesita, fortalece la conexión consigo mismos en vez de debilitarla o perderla. Esa conexión es la que facilitará luego la habilidad de autorregularse en todas las áreas de su vida y de administrar correctamente sus emociones. Ayúdales a tus hijos a conocerse a sí mismos, a ser conscientes de sus áreas fuertes y de sus áreas débiles y que sepan cómo usarlas de la mejor manera para beneficio propio y de otros.

5. La habilidad de actuar en libertad

Actualmente percibo que existe una aversión hacia el concepto de obedecer o seguir instrucciones. Muchos padres incluso se sienten orgullosos de estar educando a sus hijos para *no obedecer.* Con ello se refieren a que no quieren criar hijos conformistas y mediocres que se someten al sistema, sino personas que puedan pensar por sí mismas y tomar sus propias decisiones. Es lógico pensar así cuando consideramos los estilos de crianza de las generaciones pasadas. Los papás de antes deseaban formar "gente de bien" y creían en los beneficios de una disciplina rígida, por lo que se empeñaban en inculcar buenos hábitos quebrantando la voluntad de sus hijos para someterlos por la fuerza. Esos hijos crecieron muy conscientes de que romper las normas tenía un alto costo y sólo los muy intrépidos osaban desafiarlas. Estaban muy alertas para vigilar que nadie estuviera observando si querían realizar un acto indebido, pero en presencia de sus mayores, siempre presentaban la mejor cara. Cumplían su deber por temor al castigo, aun cuando no entendieran la lógica de hacerlo. Cuando crecieron y sus papás no pudieron controlarlos más, muchos le dieron rienda suelta a su rebeldía, inflamada por años de represión y hostilidad.

Generaciones criadas bajo este modelo han provocado que, afortunadamente, las corrientes modernas de crianza estén motivando a los padres a enfatizar la empatía, el respeto, el apego, la satisfacción de necesidades, la delicadeza y la motivación a la toma de decisiones propias, en la crianza de sus hijos. Y aunque a mí me parece que este despertar trae consigo grandes beneficios para nuestras sociedades, también veo que esta nueva tendencia puede llevarnos al desequilibrio si perdemos de vista nuestro objetivo y nos dejamos inclinar hacia el extremo. Es bueno educar a nuestros hijos para que sepan bien lo que quieren y sepan expresarlo con asertividad, que sepan defender sus derechos, que no se dejen oprimir por nadie, que no sean esclavos del sistema, etcétera; pero esa mentalidad traducida a acciones cotidianas, ¿en qué tipo de personas los está convirtiendo?, ¿son personas que se abren puertas con otros o son personitas altaneras que creen merecerlo todo?, ¿son personas capaces de identificar las normas invisibles de la sociedad o tienen una imagen distorsionada de sí mismos y de su lugar dentro de ella?, ¿son capaces de reconocer sus propias responsabilidades y cumplir con ellas sin que nadie les diga que lo hagan?, ¿son personas que consideran a quienes les rodean antes de tomar una decisión, o creen poseer siempre la razón, no saben recibir un consejo de nadie y deciden hacer las cosas siempre a su manera?

Pienso que muchas veces la confusión radica en los conceptos. El concepto de obediencia choca con los ideales de muchas personas, debido a su connotación de comprometer tu autonomía, la libertad de tomar tus propias decisiones y de someterte ciegamente a los deseos de alguien que se supone, es superior a ti. Pero el otro extremo es la anarquía total, en donde no existen normas explícitas o implícitas ni consecuencias para los actos realizados, y donde lo único que cuenta para tomar decisiones son los impulsos naturales. Para mí, ninguno de estos extremos es sano, y creo que una perspectiva más equilibrada se encontraría en algún punto en medio de los dos; entonces ya no estaríamos hablando de obediencia ni de anarquía, sino de libertad.

No cualquiera puede ser libre, ya que para tener la facultad natural de obrar de una manera o de otra, es necesario ser responsable de los actos propios. Sin responsabilidad no hay libertad. Cuando eres libre, no niegas la existencia de reglas, sino que tomas la responsabilidad de conocerlas y entender su lógica; y hecho esto, deliberada y conscientemente decides obedecerlas o no obedecerlas y asumes las consecuencias de tus actos. Un niño que ha aprendido a vivir en libertad, entiende cuáles son sus responsabilidades como miembro de una familia. Sabe cooperar aportando sus habilidades por el bien común, analiza las instrucciones que se le dan y si tiene una mejor propuesta es capaz de hacerla con respeto y deferencia. No espera a que se le dé todo en la mano, sino que él asume su responsabilidad y busca soluciones creativas para alcanzar lo que desea. Es empático con las necesidades de quienes le rodean y busca ayudarles. Está dispuesto a cooperar con quien esté en autoridad, no obedeciendo ciegamente, sino que haciendo uso de su pensamiento crítico, entiende la razón detrás de la orden y responsablemente asume las consecuencias de la elección que decida tomar: obedecer o desobedecer.

6. La habilidad de relacionarse adecuadamente con otros.

Algunos papás creen que tener a los niños en la casa es tenerlos recluidos, ajenos al "mundo real", por lo que prefieren enviarlos a la guardería o a la escuela desde pequeños para no privarlos de que aprendan a socializar. Pero, ¿qué entendemos, entonces, por socializar? Algunos quizás esperan ver a sus hijos llenos de amiguitos que vienen a invitarlos a jugar; o que tengan la facilidad y la apertura de hablar con cualquier persona que se encuentren en la calle; o tal vez que tengan la valentía de hablar enfrente de una audiencia; algunos incluso puede que piensen que socializar significa tener experiencias desagradables o dolorosas con otras personas.

Como lo decía en un principio, yo pienso que cuando hablamos de socializar, en realidad a lo que nos referimos es a convivir. Convivir significa "vivir en compañía de otro u otros", y para ese fin, darles la oportunidad a los niños de que se relacionen con muchos otros niños de su edad, sí resulta útil. Sin embargo, según el diccionario, socializar significa promover las condiciones sociales que favorezcan en los seres humanos el desarrollo integral de su persona; y yo creo que para lograr ese fin lo que hace falta no es convivir con otros, sino tener una estrategia.

Cuando tienes una estrategia tú sabes exactamente lo que quieres que tu hijo desarrolle en su persona y así, puedes elegir con mayor precisión las actividades que quieres que realicen y en las que quieres que se involucren. Para ello primero debes contestarte preguntas como: ¿qué significa socializar para mí?, ¿qué destrezas espero que mis hijos adquieran cuando se relacionan con otras personas?, ¿por qué quiero que convivan con otros? Y luego también puedes imaginarte algunos escenarios y pensar cómo esperas que tu hijo reaccione en ellos. A veces las mamás somos ambiguas y sólo les decimos a los niños: "pórtense bien", "sean amables", "no se peleen", pero no damos explicaciones precisas para que entiendan con claridad qué se espera de ellos o de qué herramientas pueden echar mano cuando se encuentran en tal o cual situación. Es importante que te tomes el tiempo de decidir cómo esperas que tus hijos resuelvan los conflictos en distintos escenarios. Por ejemplo, cuando un niño agrede a tu hijo, ¿cómo esperas que él reaccione? Cuando tu hijo agrede a otro niño, ¿qué esperas que haga a continuación? Cuando tus hijos se pelean entre ellos, ¿cómo esperas que lo solucionen? Cuando hay niños más pequeños que él, ¿qué trato esperas que les dé?, ¿le has dicho todo eso a tu hijo?

Para mí, socializar significa adquirir destrezas sociales. Entre ellas puedo mencionar: saber comunicarse efectivamente con otros, resolver conflictos civilizadamente, saber trabajar en equipo, considerar las opiniones de los demás, pedir perdón, ayudar a los más débiles, aportar sus habilidades para un bien común, etcétera; y si observamos bien, las destrezas de socialización en realidad se adquieren en casa, aprendiendo a relacionarnos con las personas que mejor nos conocen, día con día. Esos veinte pleitos diarios entre hermanos son el material perfecto para practicarlas, ya que si logran dominarlas allí dentro, será muy fácil hacerlo afuera. Obviamente, es necesario que estemos presentes y muy cercanos para conocer el trasfondo de cada situación, la personalidad de cada niño y para ayudarles a saber qué técnicas escoger para cada inconformidad: mostrar empatía, negociar, delegar, persuadir, tomar turnos, buscar soluciones, ceder, callar, ver por los débiles, cooperar con los líderes, compartir, pedir perdón, etcétera. Nuestras habilidades sociales como padres al lidiar con cada conflicto día con día es lo que realmente les está enseñando a nuestros hijos cómo socializar con otros.

Poco a poco, y a medida que van mejorando sus destrezas sociales, es muy probable que también queramos que salgan a practicarlas con otras personas fuera del círculo familiar. Y una vez más, el tener una estrategia marcará la diferencia entre avanzar en su desarrollo integral, o simplemente pasar un buen rato. Cuando tú tienes el control, tú puedes decidir en qué situaciones, con qué personas y en qué momentos es mejor que tu hijo se relacione con otros. De esta manera, te aseguras de que cada experiencia cumpla eficazmente su objetivo, que es el de brindarle las destrezas necesarias para saber cómo vivir en sociedad, en el mundo real.

7. La habilidad más importante: saber vivir

Volviendo al ejemplo del primer capítulo, donde conté de los alumnos de mi marido que no supieron qué contestarle cuando les preguntó qué harían si sus padres de repente ya no estuvieran, ahora yo me hago esa pregunta a mí misma en cuanto a mis hijos: Si de repente mi marido y yo ya no estuviéramos aquí, ¿qué pasaría con ellos?, la manera en que están siendo criados, ¿les abre o les cierra puertas con otras personas?, ¿qué serían capaces de hacer por sí solos?, ¿de qué manera enfrentarían la vida sin mí? Tú también puedes tomarte unos minutos para hacerte las mismas preguntas y reflexionar. Sé que son duras y difíciles de contestar, pero nos ayudan a ubicarnos en la misión más importante que tenemos como padres: enseñar a nuestros hijos a vivir la vida.

Daniel Socco, un experto en márketing por internet, aconseja: "tu negocio debe seguir funcionando sin ti". Aunque esta frase se refiere a un contexto de negocios, creo que es muy aplicable a la crianza también: debes criar a tus hijos de modo que tú no seas indispensable. Enséñalos a vivir, y a que sean capaces de hacerlo bien, incluso sin ti.

"El día más grande en tu vida y en la mía será aquél cuando tomemos total responsabilidad por nuestras actitudes.
Ése será el día en que realmente habremos crecido."
~ John C. Maxwell

Conclusión

"El mundo que vemos que parece tan demente es el resultado de un sistema de creencia que no está funcionando. Para percibir el mundo de una forma diferente, debemos estar dispuestos a cambiar nuestro sistema de creencia, dejar que el pasado se esfume, extender nuestro sentido del ahora y disolver el temor en nuestra mente".

~ William James

Transformar el paradigma educativo es responsabilidad de cada uno de nosotros como padres. Es difícil cambiar el rumbo de la historia tratando de cambiar el pensamiento de miles de personas, pero no lo es tanto si comenzamos cambiando nuestra forma de pensar nosotros mismos y poco a poco comenzamos a influir en nuestro círculo más inmediato: nuestra familia.

Para que se dé ese cambio, primero es necesario ser conscientes de que la dependencia es el daño más nocivo de la escolarización. Debemos dejar de creer que la escolaridad es el camino que también es el destino en sí mismo. Debemos dejar atrás la idea de que sin escuela, la educación no sería posible. Si deseamos preparar adecuadamente a nuestros hijos para las demandas de esta era, no podemos seguir usando los mismos sistemas creados hace casi doscientos años. Educar sin escuela no es un concepto nuevo. La práctica antigua de que los padres se hicieran cargo de la educación de sus propios hijos fue traída a la modernidad por pensadores como Ivan Illich y John Holt. Y aunque muy poco conocida, es una alternativa viable, que está al alcance de tus manos.

Dejar atrás el paradigma que hemos creído verdadero a lo largo de nuestra vida, no es fácil. Aceptar la idea de que podemos ser libres implica aceptar que también debemos ser responsables. La libertad no depende de las circunstancias que nos rodean ni de nuestro estado físico; la libertad es una decisión consciente, un estado mental. Desescolarizar tu mente significa independizarte de las ideas de otro para tener la libertad de pensar las tuyas y tomar tus propias decisiones. Es entender que sólo tú eres el único encargado de tu propio éxito y bienestar en la vida, por lo que eres capaz de hacer todo lo que sea necesario para alcanzarlos. El objetivo no es dejar la escuela, sino que asumas tu responsabilidad como padre. Para asumirla, necesitas reconocer el gran privilegio que tienes en tus manos al ser padre, estar dispuesto a complementarte con tu pareja, vivir por encima de tus circunstancias, confiar en tu propia intuición, y ser congruente con tu propio estilo de crianza.

Cada familia vive sus propias circunstancias y también debe encontrar su propia ruta en el proceso de construir su proyecto de vida y hacerlo realidad. Sin embargo, sea que hayas decidido escolarizar o desescolarizar, es necesario que te detengas a meditar y que definas cuál es el rumbo que deseas tomar para la educación de tus hijos; necesitas tener un objetivo específico, que es lo que te brindará estabilidad en medio de cualquier circunstancia y te proporcionará la orientación cuando sea momento de tomar decisiones importantes. Después, podrás cimentar los dos pilares fundamentales que le darán solidez y resistencia a todo lo que quieras construir después: la conexión y la identidad.

Cuando existe una fuerte conexión primeramente en pareja, entre padres e hijos y finalmente, entre hermanos también, esa familia es prácticamente indestructible. Esa base sólida les permite avanzar y atravesar por crisis fuertes sin que sus lazos se debiliten, sino más bien, haciéndose cada vez más fuertes. La conexión es la base de todo lo que quieras construir encima. Sin conexión no tienes nada; con conexión lo tienes todo. Y por otro lado, una identidad bien definida es lo que le da sentido a la vida de una persona. Tu identidad se crea a partir de cómo te ves tú, de lo que tú crees que eres. Todos nos comportamos de acuerdo a nuestra naturaleza y a lo que creemos que somos. Sea que esas ideas nazcan de lo que tú mismo piensas, o de lo que otros piensan o dicen, tú puedes definir tu identidad cuando en tu interior aceptas ideas acerca de ti. Ninguna circunstancia ni ninguna persona puede definir tu identidad sin tu consentimiento; sólo lo que tú creas acerca de ti mismo es lo que define tu identidad. Descubrir nuestra identidad nos ayuda a tener una perspectiva mucho más amplia de nuestra vida y su propósito en esta tierra, lo que nos prepara para después ayudar a nuestros hijos a definir la suya. En mi opinión, ésta es la meta más importante que debemos tener como padres, mucho más que ayudarlos a terminar la escuela o llegar a la universidad: tener una identidad bien definida primero nosotros, y después ayudarles a ellos a hacer lo mismo.

Sea que hayas decidido desescolarizar o continuar enviando a tus hijos a la escuela, ambas formas siguen siendo solamente caminos que deben llevarte al mismo fin: confeccionar una educación a la medida exacta de cada uno de tus pequeños. En el caso de que hayas decidido dejar la escuela para regresar a casa, es necesario pasar por un periodo de reconexión en todos los sentidos: reconexión de las relaciones entre ustedes, pero también reconexión de cada individuo consigo mismo. Es importante dar tiempo para que cada uno recupere la sensibilidad a su propia intuición, a su voz interna, a sus propios anhelos e intereses, a sus ritmos naturales. Permitan que la creatividad renazca de forma natural. Es difícil deshacernos de los paradigmas y de la inercia que nos empujan a querer decidir lo que "tienen" que aprender en qué momento y de qué maneras. Pero la única forma de contrarrestar la mentalidad de dependencia es ejercitando nuestra propia intuición. Y para darles la libertad a nuestros niños de que ejerciten la suya, es necesaria una dosis considerable de confianza.

Por otro lado, la dinámica cotidiana no tiene por qué ser una gran roca que nos aplaste continuamente, sino un ciclo dinámico y lleno de energía que nos lleve un pasito adelante cada día en nuestro objetivo final, que es el que nuestros hijos descubran su identidad, que sean capaces de asumir su propia responsabilidad en cada área de su vida y que puedan integrarse a la sociedad adecuadamente. Todo comienza con la actitud de los padres. La forma en como te ves a ti mismo y lo que piensas acerca de la función que estás realizando en este momento de tu vida es determinante en tu actitud diaria. La actitud que tú muestres determinará la calidad de la atmósfera familiar.

En cuanto a los materiales, existe una variedad casi infinita de recursos de los cuales podemos echar mano. Cada familia debe explorar para saber qué es lo que mejor se adapta a sus necesidades particulares. Pero en mi opinión, nuestra función más importante como padres es la de inspirar. Si los niños tienen un objetivo y se sienten inspirados, pueden lograr lo que ellos quieran por el resto de su vida.

Por último, el conocimiento en sí mismo no es tan importante como las habilidades que nos ayudan a aprovecharlos. Elegir cuáles son las habilidades más importantes a desarrollar, es decisión de cada padre. Tú debes sentarte a pensar cómo quieres que tu hijo esté equipado para enfrentarse al mundo, y entonces escoger cuidadosamente todo el instrumental que requiere. La habilidad más importante es que sepan vivir la vida incluso sin ti. Enséñalos a vivir, y a que sean capaces de hacerlo bien, incluso sin ti.

Hasta aquí he llegado a mi meta

Durante meses y años me he mantenido constante en mi meta: organizar mis ideas, escribirlas, no quedarme callada sabiendo que lo que he aprendido hasta hoy puede ser la respuesta que otros padres estén buscando y pueda representar un cambio significativo en sus vidas, tal y como sucedió en la mía. Finalmente, hoy llego hasta este punto sintiendo una profunda satisfacción de haber dicho todo lo que deseaba decir y de habértelo dicho a ti. Justo a ti.

Estoy tranquila y contenta porque no he ignorado mis impulsos internos que me movían a escribir y a no quedarme callada. He puesto en tus manos el mensaje que me ha liberado a mí y a toda mi familia, y ahora descanso sabiendo que he cumplido con mi parte. He puesto mi pequeño granito de arena que puede marcar una gran diferencia en nuestro mundo. Pero el resto ya no me corresponde a mí. Ahora la responsabilidad es tuya.

Es tu responsabilidad ser consciente del gran privilegio que tienes de ser la persona más cercana a tus hijos, y de ser tú quien tome las decisiones respecto a su educación.

¿Estás dispuesto a asumirla?

"El precio de la grandeza es la responsabilidad."
~ *Winston Churchill*

PriscilaSalazar

Bibliografía

Aquí encontrarás por orden de aparición, la bibliografía que menciono a lo largo del libro. También incluí otras obras que me han inspirado a mí y que pueden serte de utilidad a ti también.

Libros:

Biddulph, Steve. *Raising Boys.* 1998.

Gurian, Michael and Stevens, Kathy. *The Minds of Boys.* 2005.

McGrath, Sara. *Unschooling: A lifestyle for learning.* 2009.

Gardner, Howard. *Frames of Mind.* 1983.

Holt, John. *How Children Fail.* 1964.

Holt, John. *How Children Learn.* 1967.

Holt, John. *Instead of Education.* 1976.

Holt, John/Farenga, Patrick. *Teach Your Own.* 2003.

Martin, Dayna. *Radical Unschooling: A Revolution Has Begun.* 2009.

Holt, John. *Freedom and Beyond.* 1972.

Leo, Pam. *Connection Parenting.* 2005.

Pink, Dan. *Drive: the surprising truth about what motivates us.* 1995.

Robinson, Ken. *The Element.* 2009.

Ten Boom, Corrie. *El Refugio Secreto.* 1971.

Lucas, Stephen. *The art of public speaking.* 2004.

Holt, John (y varios). *The Unschooling Unmanual.* 2005

Griffith, Mary. *The Unschooling Handbook*. 1998.

Holt, John. *Learning all the time*. 1989.

Illich, Ivan. *Deschooling Society*. 1970.

Aldort, Naomi. *Raising our children, raising ourselves*. 2006.

Faber, Adele/ Mazlish, Elaine. *Cómo hablar para que los niños escuchen y cómo escuchar para que los niños hablen*. 2005

Liedloff, Jean. *El Concepto del Continuum*. 1975.

Armstrong, Thomas. *In Their Own Way*. 2000.

Rose, Colin/ Dryden, Gordon. *Learning Fundamentals*. 2001.

Videos:

Robinson, Ken. *Bring on the Learning Revolution!* TED 2006.

Mitra, Sugata. *The child-driven education*. TED 2010.

Rulfo, Juan Carlos / Loret De Mola, Carlos. *¡De Panzazo!* Mexicanos Primero 2012.

Doin, German. *La Educación Prohibida*. 2012

34271858R00151

Made in the USA
Lexington, KY
21 March 2019